D1670076

Gastro
PERLEN

GUT ESSEN IN DEN LIEBLINGSRESTAURANTS
UNSERER LESERINNEN UND LESER

VERLAG
© 2014 Presse-Druck- und Verlags-GmbH
Curt-Frenzel-Straße 2, 86167 Augsburg
www.presse-druck.de

REDAKTION UND KONZEPT
Markus Schwer (Koordination), Andrea Baumann, Nicole Prestle, Lea Thies

PRODUKTMANAGEMENT
Andreas Schmutterer (Leitung), Michael Egetemeir

LAYOUT/SATZ
Corinna Ziemer, Medienzentrum Augsburg GmbH

PRODUKTFOTOGRAFIE
Marcus Merk, Silvio Wyszengrad

BILDNACHWEIS
siehe unten

DRUCK/PRODUKTION
Firmengruppe APPL
aprinta druck GmbH
86650 Wemding

AUFLAGE / JAHR
1. Auflage 2014

ISBN
978-3-9816187-2-3

Alle Rechte vorbehalten. Nachdruck, auch auszugsweise, sowie Verbreitung durch Film, Funk, Fernsehen und Internet, durch fotomechanische Wiedergabe, Tonträger und Datenverarbeitungssysteme jeder Art nur mit schriftlicher Genehmigung des Verlags.
Alle Angaben im Buch Stand April 2014.

Bildnachweis: Marcus Merk, Anne Wall, Silvio Wyszengrad; Titel: © Maksim Shebeko/Fotolia.com, © Boris Ryzhkov/Fotolia.com, © Boris Ryzhkov/Fotolia.com; Seite 4: © Boris Ryzhkov/Fotolia.com; Seite 7: © Natalia Klenova/Fotolia.com; Seite 15: © Natika/Fotolia.com; Seite 23: © Natalia Klenova/Fotolia.com; Seite 27: © Andrey Starostin/Fotolia.com; Seite 39: © viperagp/Fotolia.com; Seite 47: © Ideenkoch/Fotolia.com; Seite 59: © fotogestoeber/Fotolia.com; Seite 63: © Africa Studio/Fotolia.com; Seite 67: © zi3000/Fotolia.com; Seite 71: © dream79/Fotolia.com; Seite 75: © Christian Jung/Fotolia.com; Seite 79: © karandaev/Fotolia.com; Seite 83: © pieropoma/Fotolia.com; Seite 87: © eyewave/Fotolia.com; Seite 91: © tycoon101/Fotolia.com; Seite 95: © Barbara Pheby/Fotolia.com; Seite 99: © Thomas Francois/Fotolia.com; Seite 103: © indigolotos/Fotolia.com; Seite 107: © karandaev/Fotolia.com; Seite 111: © Yvonne Bogdanski/Fotolia.com; Seite 119: © Bill/Fotolia.com; Seite 127: © Viktor/Fotolia.com; Seite 131: © ExQuisine/Fotolia.com; Seite 135: © volff/Fotolia.com; Seite 143: © Irochka/Fotolia.com; Seite 151: © Kitty/Fotolia.com; Seite 155: © blende40/Fotolia.com; Seite 159: © Africa Studio/Fotolia.com; Seite 163: © egorxfi/Fotolia.com; Seite 167: © Tomasz/Fotolia.com; Seite 171: © Pakhnyushchyy/Fotolia.com; Seite 179: © mickyso/Fotolia.com; Seite 195: © margo555/Fotolia.com; Seite 203: © valery121283/Fotolia.com; Seite 206: © ksena32/Fotolia.com; Seite 208: © Natalia Klenova; Rückdeckel: © karandaev/Fotolia.com

Liebe Leserinnen und Leser,

Essen und Trinken halten Leib und Seele zusammen – schon der griechische Philosoph Sokrates wusste, dass gutes Essen zum guten Leben beiträgt. Essen und Trinken bedeuten mehr als die alltägliche Ernährung. Ein gutes Essen – es macht glücklich. Ein gutes Essen – es verbindet Menschen. Was wäre ein Fest ohne Essen und Trinken?
Was also lag da näher für die Redaktion der Augsburger Allgemeinen, als einmal ihre Leserinnen und Leser in der Region Augsburg zu fragen: Wo kehren Sie ein? In der Mittagspause, zum Geschäftsessen oder sonntags mit Freunden? Wo feiern Sie Geburtstag mit Ihrer Familie? Welches Restaurant ist Ihre erste Adresse, wenn Sie zum Hochzeitstag fein ausgehen? Das Echo war überwältigend! Und das Ergebnis eine viel beachtete Serie in der Zeitung – Woche für Woche: „Gut Essen – die Lieblingslokale unserer Leser".
Deshalb sage ich ein herzliches Dankeschön an Sie, liebe Leserinnen und Leser der Augsburger Allgemeinen: Ohne Sie wäre „Gut Essen" nicht möglich gewesen. Und wäre auch dieses Buch nicht entstanden. Darin haben wir 50 Lieblingslokale schön aufbereitet zusammen gefasst – und mit den Lieblingsrezepten der Wirte und Köche ergänzt. Damit Sie nicht nur Gut Essen gehen, sondern auch mit Lust und Liebe zuhause „Gut Kochen" können.

Guten Appetit!

Walter Roller

Chefredakteur
der Augsburger Allgemeinen

WALTER ROLLER
Chefredakteur
der Augsburger Allgemeinen

Inhalt

Von Lesern für Leser

Wie die Zeitungsserie „Gut Essen" entstand.

> Der Preis stimmt und es wird frisch gekocht.
> Vor allem kann man der Küche direkt zusehen –
> so weiß man, was man bekommt.
> Es ist der absolute Geheimtipp!

Diese Aussagen von Lesern der Augsburger Allgemeinen belegen eindrucksvoll dreierlei:

- wie gern die Menschen in der Region zum Essen gehen
- wie stark sie Wert auf Qualität legen und auf heimische Zutaten
- wie offen sie einen guten Tipp, eine Empfehlung auch weiter geben

Diese drei Aussagen und noch hunderte (!) Empfehlungen mehr standen am Anfang der Serie „Gut Essen – Lieblingslokale unserer Leser", die die Redaktion der Augsburger Allgemeinen und ihrer Heimatzeitungen im Januar 2013 gestartet hat. Weil es eine Serie „von Lesern für Leser" werden sollte, waren als erstes die Leserinnen und Leser gefragt:
„Gehen Sie gern zum Essen? Und gut? Dann sind Sie hier richtig: Wohin führen Sie Ihre Frau am Hochzeitstag zum Essen aus? Welches Restaurant ist Ihre Lieblingsadresse, wenn Sie es sich Sonntagmittag mit der Familie schmecken lassen wollen? Wo gibt es gute Kost aus heimischen Zutaten zu vernünftigen Preisen? Und welches Lokal empfehlen Sie, wenn es mal deftig bayerisch sein soll?" Von der Resonanz war die Redaktion überwältigt! Innerhalb weniger Tage kamen mehrere hunderte Restaurant-Tipps zusammen – der schnellste Weg führte über ein Formular auf der AZ-Internetseite, das E-Mail-Fach quoll über und liebevoll handgeschriebene Empfehlungen gingen per Post ein. Dann wurden die Lokalredakteure zu „Lokal-Redakteuren": Sie besuchten die vorgeschlagenen Restaurants, um sich vor Ort ein Bild zu machen und um die guten Adressen für gutes Essen allen Lesern schmackhaft zu machen. Immer donnerstags werden auf der Seite „Region Augsburg" seitdem die beliebtesten und attraktivsten Restaurants, Wirtshäuser, Stammkneipen und Locations journalistisch serviert – von der gutbürgerlichen Gaststätte über exotische Asiaten bis zum Feinschmeckerlokal.
Die Redakteure treten freilich nicht als Restaurantkritiker im strengen Sinne auf. Sie vergeben weder Sterne noch Hauben. Aber sie kommen trotzdem unangemeldet, lassen sich ein Essen schmecken, bezahlen die Rechnung – und geben sich erst dann als Gut-Essen-Autoren zu erkennen. Welch gute Gespräche haben sich da oft schon ergeben! Wirtsleut' und Köche haben erzählt von ihrer Leidenschaft (und ihrem Leid), von ihren Ideen, von früher und was sie in Zukunft vorhaben, von ihren Gästen, von großen und kleinen Gesten...
Herausgekommen sind lesenswerte „Wirtshausgeschichten" von Menschen, die für andere mit Leib und Seele „gut kochen" und so die kulinarische Szene in der Region beleben und bereichern. Die Redaktion hat sie stets ergänzt um praktische Tipps wie Lage, Anfahrt, Preise, Spezialitäten und Telefonnummern.

Nun haben wir in diesem Buch 50 Lieblingslokale gesammelt – und um Lieblingsrezepte von Wirten und Köchen ergänzt. Wer möchte, kann einfach nur darin schmökern. Oder die Restaurants ausprobieren und gut essen. Oder auch mal selbst gut kochen. Viel Spaß und guten Appetit!

Markus Schwer

Fleischeslust und mehr

Im Abt Caspar in Thierhaupten kommen die Steakliebhaber auf ihre Kosten. Es gibt auch Vegetarisches.

Vor 400 Jahren ließ Abt Caspar Bschorn in Thierhaupten eine Schule bauen. Ob der Kirchenmann neben der Bildung auch Gaumenfreuden und einem guten Schlückchen zugetan war, ist nicht überliefert. Jedenfalls beherbergt das einstige Schulhaus des Marktes im nördlichen Landkreis Augsburg heute ein Restaurant mit Cocktailbar, das den frommen Gottesdiener im Namen trägt. Andreas von Mühldorfer setzte das im Ortszentrum gelegene Gebäude vor gut 20 Jahren liebevoll instand und eröffnete im Erdgeschoss ein Café mit Bistro. 1998 übernahm Frank Onat das Abt Caspar mit dem Ziel, seinen Gästen Appetit auf Steaks zu machen.

BESONDERHEITEN

Künstler stellen im Lokal aus, das neben dem Restaurant auch eine Cocktailbar ist

Seitdem steht der Pächter in der acht Quadratmeter kleinen Küche und brutzelt (nicht nur) argentinisches Rind nach den jeweiligen Wünschen. „Die meisten Kunden wünschen ihr Steak zwischen Medium und durch", verrät der Wirt. Englisch werde das Fleisch eher selten geordert. Dass in der Anfangszeit Thierhaupten eine einzige Baustelle war, erschwerte Onat den Start ein wenig. Mittlerweile scheint sich aber nicht nur in der Gemeinde, sondern auch im Umland herumgesprochen zu haben, dass es in dem Restaurant auf den Punkt gebratene Steaks mit mindestens 200 Gramm Rohgewicht gibt. Den ganz Hungrigen offeriert die Speisekarte sogar eine 300-Gramm-Variante. Rinderfilet suchen die Gäste allerdings vergeblich. „Ich will eine preisbewusste Karte anbieten, wir sind hier schließlich auf dem Land", erklärt der Wirt schmunzelnd.
Onat hat sein Handwerk in der Gaststätte am Augsburger Hauptbahnhof erlernt und im Steakhaus John Benton perfektioniert. Das ist aber nicht der einzige Grund, warum Steaks jetzt in seinem eigenen Lokal die Hauptrolle spielen. Durch die kleine Küche sei es nicht möglich, das Angebot beliebig auszubauen. Wer ein fleischloses Essen bevorzugt, bleibt jedoch nicht hungrig. Er wird auf der Pizza-Karte fündig oder kann sich eine der Salatkreationen und eine Ofenkartoffel mit Dip servieren lassen.
Das Publikum in dem rustikalen Lokal, das in drei Räumen knapp 70 und im Freien 30 Plätze bietet, ist vom Alter her bunt gemischt. Vor allem am Wochenende zieht es die Familien ins Abt Caspar. Und wer sich nur auf ein Bier oder einen Cocktail an der Bar niederlassen und über Gott und die Welt plaudern will, ist willkommen. Ebenso wie Besucher, die sich die Bilder an der Wand ansehen wollen. Denn Onat hat auch ein Herz für Künstler, die nach einer Ausstellungsmöglichkeit suchen. *Andrea Baumann*

ABT CASPAR

- Steakhaus
- Rustikal-gemütlich
- Schnitzel Wiener Art 8,50 €, Hüftsteak 13,50 €, California Salat 7,50 bis 8,90 €, es gibt auch Pizza

- Augsburger Straße 1, 86672 Thierhaupten
  Tel. 08271/7994 oder 08271/427755
  www.abtcaspar.de
- Dienstag bis Donnerstag 17 bis 24 Uhr, Freitag/Samstag 17 bis 1 Uhr, Sonntag 11 bis 23 Uhr, vor allem am Wochenende ist eine Reservierung ratsam, Montag Ruhetag
- Vor dem Restaurant und in der Umgebung
- Gäste müssen eine Stufe überwinden

Abt Caspar
Steak & Salat & Cocktail

WYS

Californiasalat

mit gebratener Putenbrust, hausgemachtem Italian Dressing
und geröstetem Baguette

ZUTATEN FÜR 4 PERSONEN

SALAT verschiedene Blattsalate der Saison, 1 Gurke, 3 Tomaten, 4 Putenschnitzel à 100 g,
8 Scheiben Speck, 1 rote Paprika, 100 g Grönland Shrimps, Öl, Salz, Pfeffer
FÜR DAS DRESSING 50 g mittelscharfen Senf, 200 ml Olivenöl, 100 ml Balsamicoessig,
½ Bund Schnittlauch oder Petersilie (je nach Geschmack), Salz, Pfeffer, Zucker

ZUBEREITUNGSZEIT

ca. 30 Minuten

1 Die verschiedenen Blattsalate waschen, in mundgerechte Stücke schneiden und auf einem großen Salatteller oder -schüssel anrichten. Gurke, Tomaten und Zwiebel in dünne Scheiben schneiden, den Paprika waschen, putzen und in dünne Streifen schneiden. Das Ganze ebenfalls auf dem Teller verteilen.

2 Die Shrimps entweder roh oder kurz in heißem Öl angebraten, auf dem Salat verteilen.

3 Die mit Salz und Pfeffer gewürzten Putenschnitzel in einer heißen Pfanne mit etwas Olivenöl goldbraun braten. Die Putenschnitzel aus der Pfanne nehmen, um die Speckscheiben in der Pfanne ebenfalls von beiden Seiten anzubraten. Die fertigen Putenschnitzel in Streifen schneiden und zusammen mit dem Speck auf dem Salatteller anrichten.

4 Für das Dressing den Senf in eine Schüssel geben und langsam das Olivenöl mit einem Schneebesen unterrühren. Nun den Balsamicoessig hinzugeben und mit Salz, Pfeffer und Zucker abschmecken. Um das Dressing abzurunden, den frischen Schnittlauch bzw. die Petersilie kleingehackt dem Dressing untermischen.

5 Das fertige Dressing nun mit einem Esslöffel gleichmäßig über dem Salat verteilen und den Salat mit Salz und Pfeffer aus der Mühle bestreuen. Als Beilage reichen wir geröstetes Weißbrot mit Knoblauch aus dem Ofen.

Der Altstadt-Italiener

Einst lag das „Al Teatro“ direkt neben der Komödie.
Das Theater zog aus, die Gäste kommen weiter.

Was Bruno Strocchi wollte, war ein Restaurant neben einem charmanten kleinen Theater. Was Bruno Strocchi bekam, war ein Restaurant neben einem sanierungsbedürftigen Altbau. Gut, das ist nun sehr zugespitzt und inzwischen ist der Chef des „Al Teatro“ in der Augsburger Altstadt auch gar nicht mehr enttäuscht. Aber als er sein Lokal im Sommer 2007 eröffnete, hatte er eben andere Pläne. Die Besucher der Komödie sollten der Stamm seiner Gäste sein. Immerhin lag sein Lokal im selben Haus wie Augsburgs damalige zweite Theaterspielstätte. Der Mietvertrag mit den Bühnen, hatte man ihm gesagt, liefe noch ewig. Doch dann, 2010, war plötzlich Schluss, die Komödie geschlossen und das Theaterpublikum weg. Scheinbar. Denn bald war klar, dass es zwar die Kultur woanders genoss, die Kulinarik aber noch immer im Al Teatro: „Wir haben nach wie vor viele Theatergäste, die nach einer Aufführung zu uns kommen.“

BESONDERHEITEN

Ausgefallene Tages-/Wochenkarte mit saisonalen Spezialitäten

Das passt, denn irgendwie ist im Restaurant ja alles auf die Kunst ausgerichtet: die goldenen Vorhänge, die den Gastraum teilen, die breiten Bilderrahmen mit Filmszenen, der in rot gehaltene Nebenraum und nicht zuletzt auch der Name des Lokals: „Beim Theater“.

Bruno Strocchi ist Italiener, aus Ravenna, seit 1990 lebt er in Augsburg. „Ich kam für sechs Monate, um Deutsch zu lernen.“ Aus sechs Monaten wurde ein halbes Leben. Die Verbindung zu Italien hat er jedoch gehalten: Der Großteil seines Personals – auch das vor kurzem komplett umgestaltete „Il Porcino“ im Univiertel gehört ihm – stammt von dem Hotel, in dem er selbst einst lernte. Und natürlich lässt der Chef auch viele Zutaten aus Italien kommen. Das Al Teatro in der Altstadt ist kein typischer Pizza-und Pasta-Italiener. Klar, es gibt Spaghetti Bolognese und andere Klassiker. Auf der Tages- und Wochenkarte aber finden sich Speisen wie Schweinefilet mit karamellisierten Feigen oder Pasta mit Zucchinicreme und Linsen. Mit solch saisonalen, ausgefalleneren Gerichten will sich Strocchi absetzen von anderen Italienern – „die oft ja nicht mal aus Italien kommen“, sagt er augenzwinkernd. Im Sommer sitzen seine Gäste draußen an den Lech-Kanälen – mittendrin in Augsburg und doch geschützt durch den schmalen Straßenzug. Das ist der Vorteil eines Innenstadt-Restaurants. Ein anderer: Viele Fremde „entdecken“ den Italiener einfach so beim Stadtbummel, manch Einheimischer dagegen isst drei-, viermal die Woche dort. Ach so: Auch Interessenten für die Komödie hat Strocchi bereits einige bewirtet und sich dann stets an seine ursprüngliche Idee erinnert: die eines Restaurants neben einem charmanten kleinen Theater. Er hofft weiter darauf...

Nicole Prestle

RISTORANTE AL TEATRO

- Italienisch
- Stilvoll, edel
- Italienische Klassiker wie Spaghetti Bolognese ab 5,90 €, Pizzen ebenfalls ab 5,90 €

- Vorderer Lech 8, 86150 Augsburg
  Tel. 0821/2464231
- Täglich 11.30 bis 23.30 Uhr, Reservierung am Wochenende und abends empfohlen, kein Ruhetag
- Parken in Parkhäusern und der Innenstadt (im näheren Umkreis nur mit Parkschein)
- Haltestelle Moritzplatz

MM

Fegato alla Veneziana con Tagliatelle

ZUTATEN FÜR 4 PERSONEN

KALBSLEBER 720 g Jungkalbsleber, 600 g Zwiebel, 4 Butterkugeln im Mehlmantel, Olivenöl (extra vergine), Pfeffer, Aceto Balsamico, 200 ml Weißwein
NUDELTEIG 400 g Hartweizenmehl, 4 Eier

ZUBEREITUNGSZEIT
ca. 45 Minuten

1 Für den Nudelteig das Mehl und die Eier in einer Schüssel vermengen. Sobald der Teig etwas fester wird, weiter auf einer glatten Fläche kneten bis der Teig fest, elastisch und glatt ist. Den Teig 1/2 Stunde abgedeckt ruhen lassen.
2 Mit einem Nudelholz auf etwas Mehl den Teig schön ausrollen bis er ca. 3 mm dünn wird. Anschließend in Streifen schneiden.
3 Die Zwiebeln schälen und fein würfeln. Die Leber abspülen, trocken tupfen und von Sehnen sowie Röhren befreien. Anschließend die Haut abziehen und in etwa 3 cm große Streifen schneiden.
4 2 Butter und 2 EL Olivenöl in einer Pfanne schmelzen lassen, die Zwiebeln hinzufügen und bei schwacher Hitze darin fast weich schmoren lassen (ca. 15 Minuten). Jetzt mit Weißwein und Balsamicoessig ablöschen. Die (Temperatur) Flamme erhöhen und die Kalbsleber zu den Zwiebeln geben. Das Ganze ca. 5 Min. anbraten.
5 Die Leber mit den 2 Butterkugeln, mit Salz und Pfeffer abschmecken. Die selbst gemachten Tagliatelle in reichlich Salzwasser bissfest kochen, dann abgießen und mit der Soße in der Pfanne schwenken.
6 Nun die Fegato alla Veneziana con Tagliatelle auf einem vorgewärmten Teller anrichten.

Alles selbst gemacht

Die Alte Schmiede in Lechhausen ist eine typische Vorstadtkneipe, wo sich gut und günstig einkehren lässt.

„Alte Schmiede in Lechhausen?" – „Nie gehört." So geht es wohl vielen – nicht nur in Augsburg. Sondern sogar in Lechhausen: „Mir haben schon Leute aus der Schillstraße gesagt: „Was, da isch a Wirtschaft?", sagt Christine Störcher offen. Sie ist Lechhauserin, Köchin und Chefin dieses kleinen Gasthofs, den irgendwie fast keiner kennt...
Und das, obwohl der Radweg am Lech nur ein paar Meter weiter daran vorbeiführt. Obwohl die Alte Schmiede auch eine Pension mit Fremdenzimmern ist. Und obwohl die Chefin gutbürgerlich bodenständig gut kocht. Nein, der Hauptgrund fürs Dornröschendasein ist der Name: Denn die Alte Schmiede war früher die Birkenau, deren Ruf wohl nicht der allerbeste war. 2007 hat Christine Störcher mit ihrem Mann Harald angefangen, das grüne Eckhaus an der Lützowstraße zwischen Lechhauser Lechbrücke und MAN-Brücke in eine schmucke Vorstadtkneipe zu verwandeln. Liebevoll und mit viel Eigenarbeit haben sie den Gastraum renoviert und mit alten Küchengeräten und Vorhängen hübsch dekoriert. Sie haben ein Nebenzimmer für Feiern bis 50 Personen rustikal hergerichtet. Und sie haben den Bau von 1881 in Alte Schmiede umbenannt – in Anlehnung an ihre frühere Wirkungsstätte in der Hammerschmiede. Der einzige Schönheitsfehler ist der Umstand, dass ihnen das Haus nicht selbst gehört. Sonst könnten sie noch mehr machen. Denn die Störchers sind Wirtsleut' mit Leib und Seele. Schon mit 15 hat Christine Störcher in der Gastronomie angefangen. Und als die vier Kinder groß genug waren, war die Mama wieder ungeduldig: „Ich wollte unbedingt selber was machen." Und sie hat ihr Hobby zum Beruf gemacht: „Ich bin glücklich." Schlagfertig humorvoll sagt sie das so: „Lieber a Wirtschaft als arbeiten." Dabei weiß sie genau, wie schwer das Geld in der Gastronomie heutzutage verdient ist. Denn seit dem Nichtrauchergesetz haben es so kleine Vorstadtkneipen schwer. Vorher, da war der Stammtisch voll. Da wurde gekartelt. Da wurde gewitzelt. Da hieß es „Prost Unterhaus!" rüber zum Nebentisch. Ein Plakat „Vive la Revolution" zeugt vom Streit ums Rauchen.
Ohne Qualm, dafür mit traditioneller Speisekarte, die auch mal Blut- und Leberwurst bereit hält, bleibt das Werben um (Stamm)gäste. Man kennt sich, man weiß voneinander. Da verabschieden die Wirtsleute die Gäste schon mal mit „Schönen Urlaub dann!" Und man versucht in der Kombination mit der Pension neue Gäste zu locken – etwa Radwanderer und Oktoberfestfans.

Markus Schwer

BESONDERHEITEN

Fremdenzimmer und ein kleiner Saal für Feiern, Biergarten

ALTE SCHMIEDE

- Gutbürgerlich
- Bayerisch, einfach
- € Schweineschnitzel mit Pommes frites 9,20 €, Sauerbraten mit Spätzle 10,50 €

- Lützowstraße 30, 86167 Augsburg-Lechhausen
  Tel. 0821/4484661
  www.alte-schmiede-augsburg.de
- Montag und Dienstag ab 11 Uhr, Donnerstag bis Sonntag ab 10 Uhr, Mittwoch Ruhetag
- P Parken am Haus
- H Lechbrücke

Raps-
kernöl

MM

Gebratene Schweineleber

mit Bratkartoffel und Röstzwiebel

ZUTATEN FÜR 4 PERSONEN

SCHWEINELEBER 5 große Zwiebeln, 5 Knoblauchzehen, 5 Karotten, ¼ Sellerie, 1 große Petersilienwurzel, 3 kg Schweineknochen, 1 kg frische Schweineleber, 1 kg Kartoffeln vom Vortag (festkochend), Salz, Pfeffer, 200 ml trockenen Rotwein
ZWIEBELRINGE 1 kg große Zwiebeln, Mehl, scharfes Paprikapulver, Fett
KNOBLAUCHÖL 3 Knoblauchzehen, ca. 150 ml Rapsöl

ZUBEREITUNGSZEIT
ca. 2 Stunden

1 Für die Soße das Wurzelgemüse, 4 Zwiebeln und den Knoblauch fein würfeln. Die Knochen waschen und mit Salz und Pfeffer kräftig würzen. Das Ganze mit etwas Fett in einen Bräter geben und im Backofen bei 180° C Umluft 1 Std. anbraten. In der Zwischenzeit das Knoblauchöl vorbereiten. Hierzu den Knoblauch schälen, fein hacken und mit dem Rapsöl in einer Schale durchziehen lassen.
2 Nach ca. 1 Std. das Gemüse mit Wasser (ca. 2 l) aufgießen und eine weitere Stunde einkochen lassen. Anschließend die Knochen aus dem Sud nehmen und diesen durch ein Sieb in einen Topf abgießen. Das Gemüse durch das Sieb passieren und im Anschluss die Soße aufkochen lassen – ggf. die Soße abbinden.
3 Die Schweineleber in ca. 1,5 cm dicke Scheiben schneiden und in Mehl wenden.
4 Die Zwiebeln für die Zwiebelringe in dickere Ringe schneiden, mit Mehl und Paprikapulver bestäuben und in heißem Fett dunkel frittieren. Die Ringe im Anschluss auf einem Küchenpapier auskühlen lassen.
5 Die Kartoffeln schälen und in Scheiben schneiden. Die verbliebene Zwiebel klein würfeln. Eine Pfanne mit etwas Schmalz erhitzen und die Kartoffelscheiben hellbraun braten. Nun die Kartoffeln salzen und die Zwiebel hinzugeben. Die Schweineleber ebenfalls mit etwas Fett in eine Pfanne geben, scharf anbraten und anschließend die Wärme reduzieren. Jetzt die Leber mit dem Knoblauchöl bestreichen, mit etwas Pfeffer würzen und unter geringer Hitze fertig garen.
6 Die fertige Schweineleber zusammen mit den Bratkartoffeln auf einem Teller anrichten, mit der Bratensoße überziehen und je nach Geschmack mit etwas frisch gehackter Petersilie bestreuen.

Griechisch mit Pfiff

Für Jannis Canellos in seinem Friedberger Restaurant Aphrodite sind Gäste wie Freunde.

Vor dem „Pfiff" gibt's erst einmal einen Ouzo. Jannis Canellos stellt als Erstes lächelnd zwei Gläschen auf den Tisch. Klar, wir sind ja beim Griechen. Aber dass der Besitzer des Restaurants Aphrodite in Friedberg sogar wie eine gesprächigere und hibbeligere Version von Alexis Sorbas wirkt, damit hatten wir nicht gerechnet. Genau deswegen und wegen der guten Portionen kommen auch viele seiner Stammgäste. Und natürlich wegen des „Pfiffs". Canellos könnte viele Geschichten erzählen, in über 30 Jahren Gastronomie hat er einiges erlebt und im Ouzo- oder Wein-Dusel wurde ihm auch schon vieles anvertraut, sagt er. Außerdem kennt er sich etwas mit Philosophie und griechischer Mythologie aus. Aber so viel Zeit zum Erzählen hat er gar nicht. Canellos saust zwischen den Tischen herum, ohne hektisch zu sein, spricht mit den Gästen, nimmt Bestellungen auf, macht einen Witz, serviert, räumt Teller ab, verabschiedet Gäste, mit Handschlag und einem gelächelten „Kalimera, alles Gute". Der Kontakt zu den Menschen macht ihm Spaß. „Freunde finden, sich an gesundem Essen freuen und entspannen" – heißt es auf der Homepage des Aphrodite. Canellos hält, was er da verspricht.

BESONDERHEITEN

Terrasse, selbst gemixte Gewürzmischungen, Lammhaxe mit Zimt und Nelken

Gebürtig kommt er aus der Nähe von Patras. Seit 1972 lebt Canellos schon in Deutschland. „Als es die Lindenstraße noch gar nicht gab, da hatten wir das alles schon", erinnert er sich an die deutsch-griechische Völkerverständigung Mitte der 1980er-Jahre in einem seiner Restaurants in Augsburg. Seit acht Jahren serviert er seine griechischen Gerichte in Friedberg. „Alles frisch und selbst gemacht", betont er. Und mit dem „Pfiff" eben. So nennt Canellos seine selbst hergestellte grüne Gewürzmischung. Oregano, Thymian, Koriander, Chili, Pfeffer, Rosmarin sind drin, in welchem Verhältnis wird aber nicht verraten. „Davon ein bisschen über das Essen streuen, das ist der Pfiff", sagt er. Das besondere Etwas.

Manche Gäste nehmen sich „Pfiff" sogar mit nach Hause. Oder auch vom roten Jannis-Pulver für Fleischgerichte. Andere freuen sich über die Lammhaxe nach südgriechischem Rezept oder über den Ofen-Feta, dessen Alufolienmantel eine Schwanenform hat. In der Küche arbeiten außer Canellos nur Frauen, weil die seiner Meinung nach mit mehr Liebe zum Detail kochen. Und das sei wichtig, sagt der Mann, der sein Restaurant nach einer Liebesgöttin benannt hat.

Am Ende dann noch einen griechischen Mokka. Ob er uns die Zukunft aus dem Kaffeesatz lesen könne? „Das können die anderen auch nicht. Aber ich werde immer rot", sagt er und lacht wieder, während er doch noch kurz die Tasse schwenkt und hineinguckt. Irgendwie ist er auch so etwas wie der „Pfiff" in seinem eigenen Restaurant.

Lea Thies

APHRODITE

- Griechisch
- Schlicht und hell
- Bohnensuppe 3,60 €, Gyros mit Salat und Beilage 10,90 €, Lammhaxe 13,90 €, Galaktoburiko 3,90 €

- Stephanstraße 4 ½, 86316 Friedberg
  Tel. 0821/4869554, www.aphrodite-friedberg.de
- Täglich von 11 – 14 Uhr und von 17 – 22.30 Uhr, Ruhetage Heiligabend und Neujahr
- Parken vor dem Haus

WYS

Arni Kokinisto

(Lamm in roter Soße)

ZUTATEN FÜR 4 PERSONEN

1 kg Lammfleisch aus der Keule (ohne Knochen), 1 EL Tomatenmark, 4 Lorbeerblätter, 1 Selleriestange mit Grün, 1 Karotte, eine Handvoll Thymianblätter, 1 Bund Petersilie, 4 mittelgroße Zwiebeln, 7 Knoblauchzehen, 2 Zimtstangen, 4 Gewürznelken, ½ l trockenen Weißwein (z. B. Demestica), Pfeffer, Salz, Muskatnuss je nach Geschmack, Olivenöl, 200 ml Mavrodaphne (griechischer Likörwein aus Patras)

ZUBEREITUNGSZEIT

ca. 2 Stunden

1 Die Selleriestangen in Scheiben schneiden, die Zwiebeln würfeln, den Knoblauch schälen und in dünne Scheibchen schneiden. Das Fleisch unter kaltem Wasser abwaschen und trocken tupfen. Die Karotte reiben.

2 Die Zwiebeln und den Knoblauch in ein wenig Olivenöl andünsten bis die Zwiebeln leicht Farbe annehmen. Dann das Tomatenmark hinzufügen, umrühren und gut vermengen bis eine sämige Konsistenz entsteht.

3 Nun das Fleisch in Stücke schneiden und mit ein wenig Salz und Pfeffer würzen. Fleisch nun in einen Topf geben und von allen Seiten kurz anbraten. Jetzt mit 800 ml des griechischen Weißweins ablöschen. Nun alle Zutaten nach und nach in den Topf geben und gelegentlich umrühren.

4 Bei Bedarf ein wenig Wasser angießen. Nun den Deckel schließen und bei geringer Hitze ca. 1,5–2 Std. schmoren lassen. Dazwischen immer wieder umrühren und die Konsistenz überprüfen. Bei Bedarf etwas Flüssigkeit nachgießen.

5 Zum Schluss 200 ml Mavrodaphne angießen und unter gelegentlichem Rühren noch einmal aufkochen lassen.

6 Das Fleisch nun auf einem vorgewärmten Teller anrichten. Als Beilage empfiehlt sich Maccheroni, Reis oder grüne Bohnen.

KLEINER TIPP

Zum Trinken empfehlen wir je nach Geschmack einen trockenen griechischen Weiß- oder Rotwein.

Aus Liebe zum Kochen

Mit dem Bai Tong Thai-Restaurant in Göggingen hat sich die Besitzerin einen Traum erfüllt – das schmeckt man.

„Sie liebt kochen" – Sohn Phichakchai bringt es auf den Punkt. In diesen drei Worten steckt die Geschichte von Sukanya Weissenbrunner und ihrem Restaurant Bai Tong in Augsburg-Göggingen. Sie handelt von der Liebe zum Kochen, von Mut und von einem Traum. Diese Geschichte kennen nur wenige Gäste – doch wer in dem Flachbau speist, kann einen Teil dieser Geschichte schmecken.

Im Juni 2013 erfüllte sich Sukanya Weissenbrunner einen Lebenstraum. Ein eigenes Restaurant. In Deutschland, das seit 1999 ihre zweite Heimat ist. Als die ehemaligen Besitzer des Bai Tong in den Ruhestand gingen, übernahm sie das Restaurant. Ihre beiden Söhne hatten die alleinerziehende Mutter dazu ermuntert und halfen mit dem Papierkram. „Wenn es nicht klappt, dann bin ich um eine Erfahrung reicher. Wenn es klappt, freue ich mich", dachte sie damals und kochte los. Ihr Mut wurde belohnt. Das Bai Tong klappt. Es kommen sogar viele internationale Gäste, Monteure, Geschäftsleute – und auch viele Thai, was häufig ein Zeichen für authentische Küche ist. Und wirklich: „Wie in Thailand" – der Gedanke taucht immer wieder auf. Beim Papaya-Salat garantiert. Oder beim knusprigen „Fisch, der im Garten schwimmt". Das Gericht klingt nicht nur spannend, es ist auch ein kulinarisches Erlebnis: frittierter Salzwasserfisch in süß-saurer Kruste mit einem Berg aus frischen Röstzwiebeln, Koriander, Chili, Ingwer und Erdnüssen – Geschmacksexplosion.

Viele Gerichte hat Sukanya Weissenbrunner schon als Mädchen von ihrer Mutter gelernt, damals in Khon Kaen, einem Ort im Nordosten Thailands. Nach dem Abitur arbeitete sie als Kindergärtnerin und hatte bald eine Garküche an einer Schule. Dann zog sie mit ihren beiden Söhnen zu ihrem Mann nach Deutschland und kochte viele Jahre lang erst einmal „nur" für Familie und Freunde. Regelmäßig gab sie Koch-Partys. „Sie ist eine super Gastgeberin", schwärmt ihr ältester Sohn und ergänzt: „Wenn sie kocht, dann immer für eine halbe Armee."

Mengenmäßig musste sich Sukanya Weissenbrunner also nicht groß umstellen, als sie die Küche im Bai Tong (übersetzt: Bananenblatt) übernahm. Nur die Schärfe ihrer Kreationen hat sie etwas „europäisiert" – auf Wunsch gibt es aber auch extra Chili. Sukanya Weissenbrunner hat ihre Leidenschaft zum Beruf gemacht und ist glücklich. Der Gast bekommt sie nur abends zu Gesicht und selbst dann nicht immer. Zu gerne steht sie in der Küche und kocht. Ab und zu guckt sie lächelnd durch das kleine Fenster, durch das sie ihre Kreationen an das Servicepersonal weiterreicht. Auch dafür findet ihr Sohn die richtigen Worte: „Sie macht jetzt das, was sie am liebsten macht."

Lea Thies

BESONDERHEITEN

Mittagsmenü donnerstags, freitags und samstags für 7,90 Euro. Im Sommer gibt es einen kleinen Biergarten

BAI TONG

- Thailändisch
- Asiatisch-gemütlich
- Suppen ab 3,90 €, Thai-Currys ab 11,90 €, Papaya-Salat 7,50 €, Knusperfisch „Fisch, der im Garten schwimmt" ab 18,50 € (hängt von der Größe ab)

- Welfenstraße 6 A, 86199 Augsburg-Göggingen Tel. 0821/9073517
- Montag und Dienstag 17.30–23 Uhr, Donnerstag bis Sonntag 11.30–15 und 17.30–23 Uhr, Mittwoch Ruhetag
- Parken im Wohngebiet
- Ja

WYS

Gung pad prik Pau

Garnelen frittiert mit Thai-Ginseng-Basilikum,
Chili, Zwiebeln und rotem Thai-Curry

ZUTATEN FÜR 4 PERSONEN

28 Garnelen (küchenfertig), 1 kleine Zwiebel, 1½ rote Paprika, 1 Stange Staudensellerie, 1½ rote Chilischote, 1½ EL rote Thaichilipaste, 1 EL Öl, 2½ EL Austernsoße, 1 EL Thai Ginseng, 4–5 Blätter Thaibasilikum, Fett zum Frittieren, Zucker, weißer Pfeffer

ZUBEREITUNGSZEIT

ca. 30 Minuten

1 Die Garnelen säubern, längs aufschneiden und ca. 1–2 Minuten frittieren. Anschließend warm stellen.

2 Die Staudensellerie waschen, putzen und in feine Ringe schneiden. Die Chilischote waschen, putzen und ebenfalls sehr fein schneiden. Die Paprika waschen, putzen und grob würfeln. Die Zwiebel längs in Spalten schneiden.

3 Im Wok oder einer tiefen Pfanne das Pflanzenöl erhitzen. Zunächst das Gemüse anbraten, Chilipaste zugeben und gut mit dem Gemüse vermengen. Das Ganze zusammen mit der Austernsoße bei starker Hitze ca. 2–3 Min. anbraten. Nun die Garnelen zugeben, diese kurz erhitzen und auf einen vorgewärmten Teller geben.

4 Jetzt für die Soße mit einer halben Tasse heißem Wasser den Bratensatz ablöschen, 1 Prise Zucker, ½ EL Austernsoße und 1 Prise weißen Pfeffer zugeben und kurz aufkochen. Die Flüssigkeit etwas einkochen lassen und die sehr heiße Soße über das Gericht geben.

5 Als Beilage empfehlen wir Jasminreis. Es wird pro Person 1 Tasse Reis gerechnet, immer gut waschen und mit der gleichen Menge Wasser kurz aufkochen, dann bei kleiner Temperatur und geschlossenem Deckel etwa 15 Min. ziehen lassen.

Ein Hauch von Südamerika

Wer ins Chorizo am Augsburger Ulrichsplatz kommt, weiß ein saftiges Steak zu schätzen.

Der Name hat mit Steaks erst einmal gar nichts zu tun: Chorizo (ausgesprochen Schoriso, mit stimmhaftem S in der Mitte) steht für eine feste Wurst vom Schwein, gewürzt mit Paprika und Knoblauch. Chorizo ist eine Spezialität in Spanien und Portugal – im gleichnamigen Restaurant am Ulrichsplatz gibt es sie nicht. Das liegt in erster Linie an den Gästen und wenn Restaurantchef Nedo Plazibat das erzählt, meint er es nicht böse: „Wir haben das am Anfang mehrmals angeboten. Aber die Leute kommen einfach zu uns, um Steak zu essen, nicht Würstchen."

BESONDERHEITEN

Terrasse mit Blick auf St. Ulrich und Afra, Mittagskarte werktags von 11.30 bis 14.30 Uhr

Am Anfang, das war in den 1970er Jahren. Seitdem gibt es das „Chorizo", Plazibat und seine Frau Barbara führen es seit 1979. Besonders viel verändert hat sich seitdem weder an der Karte noch an der Optik des Restaurants – einmal abgesehen davon, dass Plazibats die schwarze Farbe an den Fenstern entfernten und somit alles etwas heller gestalteten. „Viel mehr aber kann man nicht machen, wenn man nicht grundlegend saniert", sagt der Chef. Ein Schritt, den er bislang scheute, weil es bedeuten würde, das gepachtete Lokal länger zu schließen und viel Geld in die Hand zu nehmen. Kalkulation aber ist alles in der Gastronomie und das gilt nicht nur fürs Finanzielle. Auch was die Ware betrifft, muss Plazibat rechnen. Sein Rindfleisch kommt ausschließlich aus Argentinien, Plazibat bestellt stets für mehrere Wochen. Bevor er das Fleisch serviert, muss es bei einem Grad gut abhängen. „Früher, als die Ware noch mit dem Schiff nach Europa kam, war sie aufgrund des langen Transports gerade richtig."
Heute, wo die große Distanz mit dem Flugzeug in zwölf Stunden überwunden ist, findet der Reifeprozess im Restaurant statt. Mit seinen dunklen Balken, mit der Dekoration in südamerikanischer Gaucho-Romantik bietet das „Chorizo" eine besondere Atmosphäre. Viele Gäste kennen sie seit Generationen: Manche waren als Kinder da und kommen jetzt mit ihren Enkeln. Dass sich im Lauf der Jahre viele Steakhäuser in Augsburg ansiedelten, ist für Plazibat kein Problem: „Es gehen ja immer mehr Leute zum Essen und jedes Lokal hat auch sein eigenes Publikum." Seines, sagt er, weiß gute Qualität zu schätzen und gibt dafür gerne auch ein bisschen mehr aus.
Die Lage am Ulrichsplatz beschert dem Chorizo auch viele Touristen – und Geschichten: „Über den Ulrichsplatz könnte ich vieles erzählen", sagt Plazibat. Seine aktuellste Geschichte dreht sich um die Beleuchtung des sanierten Straßenraums. Für Plazibats Terrasse blieb danach nur noch eine Laterne übrig. Nun lesen die Gäste ihre Speisekarte bei Kerzenschein. Aber das hat seinen Reiz.

Nicole Prestle

CHORIZO

- Steakhaus
- Rustikal-urig
- € Menü mittags ab 8,60 €, abends etwas teurer

- Ulrichsplatz 3, 86150 Augsburg
  Tel. 0821/515547, www.chorizo-steakhaus.de
- 11.30–14.30 und 17.30–23.30 Uhr, am Wochenende durchgehend, Reservierung empfohlen, kein Ruhetag
- P Parken kostenlos hinter dem Haus (Innenhof mit Schranke)
- H Ulrichsplatz

CHORIZO

CHORIZO

Steak und Gambas

auf Tomaten-Provençal-Soße

ZUTATEN FÜR 2 PERSONEN

STEAK & GAMBAS 320 g Rinderfilet (Black Angus), 4 Gambas, Salz, Pfeffer (grob), 50 ml Olivenöl, 5 Knoblauchzehen, ½ Bd. Petersilie

SOSSE 1 Zwiebel, 1 Karotte, 250 g Tomaten, 1 Knoblauchzehe, Salz, Pfeffer, Thymian, Petersilie

ZUBEREITUNGSZEIT

ca. 40 Minuten (Ruhezeit mind. 5 Stunden)

1 Die Schale der Gambas entfernen, Schwanz und Kopf jedoch nicht abschneiden – durch sie erhalten die Krustentiere beim Braten ihren unwiderstehlichen Geschmack. Den Rücken der Gambas flach einschneiden und den Darm entfernen. Die Knoblauchzehen in feine Scheiben schneiden, die Petersilie hacken. Beides mit dem Olivenöl vermischen und eine Prise Salz beifügen. Die Gambas mindestens 5 Std. in der Marinade ruhen lassen.

2 Für die Zubereitung der Tomaten-Provençal-Soße die Tomaten unterseitig mit einem scharfen Messer kreuzförmig einritzen und etwa 30 Sek. in kochendes Wasser geben. Sobald sich die Haut etwas von der Frucht löst, die Tomaten mit einem Löffel herausheben, kurz in kaltem Wasser abkühlen lassen und die Schale mit einem kleinen Messer abziehen. Anschließend entkernen und in Stücke schneiden. Die Zwiebel und die Karotte fein würfeln. Öl erhitzen, die Zwiebel glasig dünsten, Karotte hinzufügen und beides 5 Min. dünsten. Die Tomaten hinzufügen und mit dem Gemüse kurz köcheln. Die Knoblauchzehe hineinpressen. Nach Wunsch die Soße mit dem Pürierstab in die gewünschte Konsistenz bringen. Mit Salz, Pfeffer, Thymian und Petersilie abschmecken.

3 Das Rinderfilet in Steaks von etwa 4 cm Dicke schneiden und auf Zimmertemperatur erwärmen lassen. Bei starker Hitze pro Seite 2 bis 3 Min. in der Grillpfanne oder auf dem Rost des Holzkohlegrills anbraten, anschließend die Steaks einzeln in Alufolie wickeln und 10 Min. ruhen lassen. Währenddessen die Gambas scharf anbraten bis sie schön rosa sind.

4 Die Rindersteaks nach dem Auspacken mit Salz und Pfeffer würzen und mit den Gambas auf dem Tomatenspiegel anrichten. Dazu passen Folienkartoffeln mit Sour Cream.

Die Ecke für Feinschmecker

Rosemarie und Ronald Dachs setzen in ihrem Augsburger Restaurant auf gute regionale und saisonale Küche.

Hier gibt es richtig gutes Essen – das sieht der Kenner schon am Eingang. Dort hängt das runde Zeichen der „Chaîne des Rôtisseurs". Die Ecke ist Mitglied in diesem weltweiten Feinschmeckerverband. Unter Gourmets und Weinkennern ist das Restaurant am Augsburger Rathaus bekannt – manche kommen sogar extra für das Essen angereist. Heimische Gäste wissen die schwäbisch-bayerischen Kreationen von Küchenchef Paul Seiler ebenfalls zu schätzen. Vor allem, weil Die Ecke kein überkandideltes Feinschmeckerrestaurant ist. Gut essen und sich wie zu Hause fühlen – das ist hier möglich. Hochqualitative, bodenständige Gerichte und ausgezeichneter Service, darauf legen die Ecke-Besitzer Rosemarie und Ronald Dachs in ihrem Restaurant höchsten Wert. Mit dieser Philosophie haben sie viele Auszeichnungen im „Gault Millau"-Restaurantführer bekommen. Seit Jahren gibt's 13 Punkte – darauf sind die beiden schon ein bisschen stolz. An einem Stern vom anderen wichtigen Feinschmeckerführer „Michelin" ist Ronald Dachs nicht interessiert. „Wir kochen knapp unter Sterneniveau", sagt er. Und das solle auch so bleiben.

BESONDERHEITEN

Montags bis freitags Mittagsmenü (3 Gänge) 19,– Euro, schöner Innenhof, in dem sich im Sommer auch speisen lässt, Wildspezialitäten (vom 1. Mai bis 15. Januar)

Das Ehepaar Dachs setzt auf regionale und saisonale Gerichte und kennt die meisten seiner Lieferanten persönlich. „Wir haben einen eigenen Spargel- und einen Kartoffelbauern und einen Eierlieferanten aus der Region", erklärt Rosemarie Dachs und ihr Mann ergänzt: „Unser Wild bekommen wir vom Jägerstammtisch. Wir wissen von jedem Stück Fleisch, wo es herkommt." Besonders für die Wildgerichte ist das Restaurant bekannt. Die gibt es aber nur während der Jagdsaison. Nachhaltigkeit ist dem Ehepaar Dachs ebenfalls wichtig. Das alles spiegelt sich auch im Preis wider. „Aber glücklicherweise wissen unsere Gäste das zu schätzen", sagt Ronald Dachs. Sein Restaurant hat eine besondere Atmosphäre. Könnten die Wände reden, sie könnten von Bert Brecht, Mozart, Rudolf Diesel erzählen, die schon in dem Gebäude gespeist haben. Die Ecke ist eines der ältesten Restaurants in der Stadt. Bei der Renovierung vor ein paar Jahren schlug ein Architekt eine komplette Umgestaltung vor – doch das Ehepaar Dachs entschied sich dagegen. Die Gäste mögen, dass sich abseits der Teller nicht viel verändert. Sie freuen sich, wenn sie an „ihrem Tisch" speisen können.

Das Auge isst in der Ecke übrigens auch mit. Silberne Platzteller, schön angerichtetes Essen, Bilder von heimischen Künstlern an der Wand. Ein außergewöhnliches Kunstwerk gibt's übrigens im Gästebuch: einen Ottifanten. Komiker Otto Waalkes ist nämlich auch ein Ecke-Fan und schaut immer wieder gerne vorbei, wenn er Freunde in der Region besucht. *Lea Thies*

DIE ECKE

- Schwäbisch-bayerisch
- Elegant-gemütlich
- Sechs-Gänge-Menü 68 €, vegetarisches Vier-Gänge-Menü ab 42 €, Á la carte ab 24 €, Flasche Wein ab 24 €

- Elias-Holl-Platz 2, 86150 Augsburg Tel. 0821/510600, www.restaurant-dieecke.de
- Täglich (außer am 24. Dezember) von 11 – 14 Uhr und von 17.30 – 1 Uhr (Küche bis 22 Uhr), Ruhetag 24. Dezember
- P Parken in der Altstadt
- H Rathausplatz

DIE ECKE

OELKRUG
Hemden

WYS

Kalbsfilet im Mohn-Pfeffermantel

Karotten-Vanille-Soße, glasiertes Frühlingsgemüse und Kartoffelstrudel

ZUTATEN FÜR 4 PERSONEN

KALBSFILET 600 g Kalbsfilet (pariert), 5 EL Blaumohn (geröstet), ½ TL Tasmanischer Pfeffer, Butterschmalz, Salz
KARTOFFELSTRUDEL Frühlingsrollenteig/Strudelteig, 500 g Kartoffeln, 2 Eigelb, 1 EL Stärke, Salz, Muskat
KAROTTEN-VANILLE-SOSSE 25 g Butter, 150 g Karottenwürfel, ½ Vanilleschote, 1 kl. Stk. Ingwer, 1–2 Schalotten, ¼ l Karottensaft, ¼ l Gemüsebrühe, Salz, Pfeffer, weißer Portwein
KALBSJUS 500 g Kalbsknochen (Walnuss groß gehackt), 2 Zwiebeln, 1 Karotte, 1 Knollensellerie, 1 EL Tomatenmark, 1 l dunkler Kalbsfond, Salz, Pfeffer, Lorbeer, Thymian, Rosmarin
50 g Speck-Zwiebel, Petersilie, Majoran, 1 Eigelb zum Bestreichen

ZUBEREITUNGSZEIT

ca. 1,5 Stunden

1 Kalbsfilet mit Salz würzen, im Butterschmalz von beiden Seiten kurz anbraten. Mohn mit tasmanischem Pfeffer mischen, Kalbsfilet darin wälzen. Anschließend im Ofen bei 140° C ca. 20 Min. garen lassen, dann warm stellen (bei 80° C) und 10 Min. ziehen lassen.

2 Den Speck in Würfel geschnitten anschwitzen, die Zwiebel in Würfel geschnitten dazugeben und mitdünsten. Die gehackte Petersilie und Majoran zugeben. Die gekochten heißen Kartoffeln durchpressen, Eigelb, Butter, Stärke zugeben und vermengen. Das Ganze mit Salz und Muskat abschmecken. Die Kartoffelmasse nun auf den Strudelteig streichen, Speck-Zwiebelmasse darauf dünn verteilen. Den Teig nun zu einem Strudel rollen. Mit Eigelb bestrichen im Ofen bei 170° C 15 Min. backen.

3 Für die Karotten-Vanille-Soße die Karotte mit Zwiebel, Ingwer und Vanille in Butter farblos anschwitzen, mit Karottensaft und dem Gemüsefond ablöschen. Das Ganze weich kochen, pürieren und passieren. Zum Schluss mit Salz, Pfeffer und etwas weißem Portwein abschmecken. Als weitere Beilage empfiehlt sich gedünstetes Frühlingsgemüse aus Radieschen, Spargel, Karotten, Frühlingszwiebeln, Frühlingsmorcheln und Kohlrabi.

4 Für den Kalbsjus die Knochen im Ofen rösten. Wurzelgemüse anbraten, Tomatenmark zugeben und kurz mitbraten. Mit Wasser ablöschen und reduzieren bis es wieder zu bräunen beginnt. Diesen Vorgang 3 Mal wiederholen, dann die Knochen zugeben und mit Kalbsfond auffüllen. Nach 2 Std. Gewürze und Kräuter zugeben und ca. 1 weitere Stunde köcheln lassen, abpassieren und reduzieren.

5 Zum Anrichten Filet tranchieren und mit Meersalz würzen. Auf Karottensoße anrichten, Jus angießen, mit Gemüse und Strudel umlegen.

Köche mit Naturtalent

Das Dragone ist einer der
ältesten Italiener in Augsburg.

Manchmal gibt es simple Gründe für die Eröffnung eines Lokals: „Fürs Kochen hat unsere Familie ein Naturtalent", sagt Antonio Dragone. Mit dieser Überzeugung pachteten die Dragones 1974 das ehemalige Café Frei in der Wintergasse, richteten ein italienisches Restaurant ein und legten los. Heute, gut vier Jahrzehnte später, sieht dieses Restaurant noch (fast) so aus wie damals: Hinten, im großen Gastzimmer, vermittelt ein nierenförmiges „Fenster" in der Decke den Eindruck, man säße in einem Wintergarten. An den Wänden hängen italienische Landschaften, an den Fensterbänken stehen künstliche Rosenstöckchen. Nur die Porzellanhunde, die mal vorne im „Schaufenster" zur Wintergasse standen, die haben Antonio Dragone und sein Bruder Vincenzo irgendwann in den Keller geräumt. Schade eigentlich, immerhin verhalfen diese Hunde dem Ristorante einst zu „Filmruhm": Es war Drehort für „Harte Jungs", die Crew war durch die Dekoration auf den Italiener aufmerksam geworden. Auch „Deckname Luna" mit Götz George und Heino Ferch wurde teils im Dragone gedreht, Vincenzo ist als Pizzabäcker zu sehen. „Viele mögen eben unsere 60er-Jahre- Atmosphäre", sind die Dragones überzeugt.

BESONDERHEITEN

Fischtheke mit großer Auswahl, Holzofen-Pizza, hausgemachte Pasta

Heute wissen die Brüder, deren Eltern als Gastarbeiter nach Augsburg kamen, dass das Talent zum Kochen nicht mehr ausreicht, um ein Restaurant erfolgreich zu führen. „Da muss das Preisverhältnis stimmen, die Qualität, die Freundlichkeit." Und: „Man kann in der Gastronomie nicht mehr improvisieren. Man muss ein Fachmann sein." „Berühmt" ist das Dragone vor allem für seine Pizzen: Sie kommen aus dem Holzofen und wer vorne sitzt im Gastraum, der kann den Bäckern bei ihrer Arbeit zusehen: Portionierte Teigkugeln werden ausgerollt, in die Luft geworfen, belegt, in den Ofen geschoben. Es dauert nur ein paar Minuten und sieht unglaublich einfach aus. Auch bei der Pasta legen die Brüder Wert auf Hausgemachtes und Ausgefallenes. Zwar gibt es die klassischen Spaghetti Bolognese, lieber sind den Dragones aber andere Kreationen, gerne auch mit Fisch aus der Kühltheke. Die Zutaten beziehen die Brüder zum Teil aus der Heimat der Familie, aus Kalabrien: „Dort holen wir Olivenöl, die Salsiccia, die Peperoncini." Auch einige Gerichte sind typisch für die Region an der Stiefelspitze. Im Gegensatz zu früher wissen die Gäste dies heute zu schätzen, sagt Vincenzo Dragone: „Jeder war schon mal in Italien. Deshalb verstehen die Gäste jetzt italienisches Essen." Vielleicht war dies auch der Grund für Antonio Dragones Sohn, in Göggingen ein eigenes Ristorante zu eröffnen. Es heißt? Dragone! Am Herd stehen auch dort Mitglieder der Familie.

Nicole Prestle

RISTORANTE DRAGONE

- Italienisch
- Gemütliche 60er-Jahre-Atmosphäre
- Mittagsmenüs ab 8,50 €, Pizzen ab 5,60 € (Margherita), Pasta ab 6 €

- Wintergasse 3, 86150 Augsburg
  Tel. 0821/510924
  www.ristorante-pizzeriadragone.de
- Sonntag bis Donnerstag 11.30–23.30 Uhr, Freitag und Samstag 11.30–0.30 Uhr
  Reservierung am Wochenende empfohlen, kein Ruhetag
- P Innenstadtgebiet, Parkhäuser oder Parkuhr
- H Haltestelle Moritzplatz
- Der Gastraum ist frei zugänglich, die Toiletten nicht

Frische Fische
Dorade oder
Seebarsch Gegrillt
mit Gemüse und
Kartoffeln

WYS

Strassi Cinque Terze

Breit gezackte Nudeln mit Tintenfisch,
Artischocken und Zucchini

ZUTATEN FÜR 4 PERSONEN

NUDELTEIG 300 g Mehl, 3–4 Eier, Salz, 1 EL Olivenöl,
TINTENFISCH 6 Artischocken Herzchen, 1 kl. Zucchini, 3 EL Olivenöl,
Saft einer unbeh. Zitrone, 2 Knoblauchzehen, 2 Tintenfischtuben à ca. 120 g
(fertig geputzt vom Fischhändler),
12 Kirschtomaten, 4 EL Weißwein, 1 Bd. frische Petersilie, Salz, Pfeffer

ZUBEREITUNGSZEIT
ca. 45 Minuten

1 Aus dem Mehl und den Eiern einen geschmeidigen Nudelteig formen und diesen dabei in etwas Salz und Olivenöl wälzen. Den Teig in Frischhaltefolie wickeln. Nach einer Ruhezeit von 30 Min. den Teig mit einer Nudelmaschine oder einem Nudelholz mehrmals dünn ausrollen. Aus dem Teig nun breite Streifen für die Nudeln schneiden.

2 Für die Soße die Tintenfische in Ringe schneiden, die Artischocken mit den Zucchini in feine Streifen schneiden und zusammen mit etwas Olivenöl in einer Pfanne anbraten. Mit Zitronensaft, Salz und Pfeffer würzen, anschließend mit dem Weißwein aufgießen. Das Ganze zugedeckt ca. 6–8 Min. dünsten. In der Zwischenzeit die Nudeln in Salzwasser kochen.

3 Die Kirschtomaten waschen, halbieren und ebenfalls in die Pfanne geben. Die frisch gekochten Nudeln tropfnass zusammen mit der gehackten Petersilie hinzufügen. Alles sehr behutsam mischen und auf einem schönen Pastateller servieren.

KLEINER TIPP

Verwenden Sie Olivenöl „extra vergine" und nach Belieben etwas scharfe Peperoni aus dem Süden.

Genuss am Wertachufer

Die Chefin der Fischerstuben kennt nur eine Richtung: vorwärts. Daher gibt es immer wieder neue Überraschungen.

Wer Sigrun Groß nach einem Motto fragt, ob fürs Leben oder ihre Geschäftsphilosophie, der bekommt eine klare Antwort: „Stillstand ist Rückschritt." Für Sigrun Groß, die Chefin des Augsburger Restaurants Fischerstuben, gibt es nur eine Richtung: vorwärts.

Hat jemand daran Zweifel? Etwa, weil die idyllische Lage am Wertachufer einen an Verwunschenes, Vergangenes denken lässt? Oder weil das gedrungene Gebäude von außen den Eindruck von altmodisch oder rustikal macht? Der also mache die Probe aufs Exempel, setze den Fuß über die Schwelle – und staune ob all der Überraschungen! Auf zwei in die dunkelgraue Wand eingelassene Aquarien fällt der erste Blick: grau gesprenkelter Kies, dunkle Steine und Wurzeln, kein Grünzeug, dunkelgraue getupfte Fische, heimische natürlich. Alles Ton in Ton, wie aus dem Design-Katalog. Alles ist Absicht, nichts bleibt dem Zufall überlassen: die zentrale Garderobe vor dem Gastraum, die edlen modernen Tischgarnituren, die Fensterdeko mit wellengemusterten Stoffbahnen und lasierten Ästen aus den Wertachauen. „Jetzt passt es endlich zu Euch", haben Gäste zu Sigrun Groß und ihrem Partner Andreas Sander gesagt. Und die Chefin kommentiert: „Genau so ist es."

BESONDERHEITEN

Biergarten, Wohnmobil-Übernachtungsplatz nebenan, Saal und Nebenzimmer

2012 haben die beiden begonnen, die Fischerstuben zu verwandeln. Gerade so, als ob das Flussprojekt „Wertach vital" Pate gestanden hätte. Mit allem Mut zur Zukunft und allen Schmerzen: Was trauern die Augsburger seit 2005 dem Abriss der Goggelesbrücke nach, wo sich viele Verliebte den ersten Kuss gaben? Die Baustelle hat auch dem Duo Sander/Groß zugesetzt. Doch die Stammgäste blieben treu, der Fischereiverein als Verpächter steht zu seinem Domizil, Lions und andere Organisationen sind regelmäßig zu Gast. Und die Goggelesbrücke ist auch wieder da: Ein wandhohes Schwarz-Weiß-Foto zieht den Blick an. Daneben auf einer der flexiblen Trennwände steht: „Ein gutes Essen ist Balsam für die Seele".

Stammgäste wissen ihren „Balsam" zu schätzen – und bestehen auf Klassikern wie „Schweinefilet Wertach". Obwohl doch Sigrun Groß nur vorwärts will. Mit fünf Köchen werden im Team neue Kreationen geschaffen, bevorzugt auch für Feste und Feiern. Das Team im Service ist einbezogen, wenn es um „Qualität in jeder Beziehung" geht. Heimisch kommt der Bach-Saibling „auf Blattspinat an Orangenbuttersoße" auf den Tisch, das Zanderfilet „auf Kirschtomaten-Lauchzwiebelbett", die Edelfischplatte für zwei weitet den Blick aufs Meer. Wer in die Fischerstuben kommt, sollte Zeit haben. Zeit zum Genießen. Und neugierig bleiben, offen für das , was Sigmund Groß unter „vorwärts" versteht: Fassade sanieren, Biergarten neu gestalten, eine Wein-Kost-Bar einrichten und und und

Markus Schwer

FISCHERSTUBEN

- International mit Schwerpunkt Fischspezialitäten
- Modern-edel
- Zanderfilet 18,80 €, Filet vom Wildlachs 17,90 €, Wiener Schnitzel 16,90 €

- Holzbachstraße 12, 86152 Augsburg-Pfersee Tel. 0821/153506, www.restaurant-fischerstuben.de
- Dienstag bis Sonntag 11–14.30 Uhr und 18–24 Uhr, Reservierung für abends telefonisch empfohlen, Montag Ruhetag
- P Parken vor dem Haus
- H Haltestelle Luitpoldbrücke

Ein gutes Essen
ist Balsam für die
Seele
19,50
gegrilltes
Lachsforellenfilet

gutes Essen
ist Balsam für die
Seele

MM

Gemischte Fischplatte

ZUTATEN FÜR 2 PERSONEN

FISCH UND MEERESFRÜCHTE 180 g Lachsfilet, 180 g Zanderfilet, 180 g Viktoriabarschfilet, 2 Riesengarnelen (8/12), 2 Grünschalenmuscheln, Salz, Pfeffer, 1 unbehandelte Zitrone, Ingwer, Knoblauchöl, Kräuterbutter, Butter, Pflanzenöl

SOSSE 40 g Butter, 4 cl trockener Weißwein, 1 kl. Zwiebel, 200 ml Fischfond, 100 ml Sahne, Salz, Pfeffer, Petersilie, Schnittlauch, Basilikum, Salbei, Dill

GEMÜSE 80 g Brokkoli, 80 g Blumenkohl, 80 g Karotten, 80 g Kohlrabi, 80 g Zuckerschoten, 100 g Butter, 200 ml Gemüsebrühe

ZUBEREITUNGSZEIT
ca. 1,5–2 Stunden

1 Die Schale einer unbehandelten Zitrone abreiben und ca. 1 Std. an der Luft trocknen lassen. Den Brokkoli sowie den Blumenkohl putzen und in mundgerechte Stücke teilen. Die Karotten schälen und in dünne Scheiben schneiden, den Kohlrabi ebenfalls schälen und in Stifte schneiden. Bei den Zuckerschoten nur die Fäden entfernen. Das Gemüse auf Biss kochen und anschließend in Eiswasser abschrecken. Bei Bedarf in der Gemüsebrühe und der Butter erhitzen.

2 Die Muscheln unter fließendem Wasser kurz waschen. Anschließend zusammen mit dem Fischfond in einen Topf geben und 10–15 Min. garen. Den Fischfond in einer Schüssel auffangen.

3 Die getrocknete Zitronenschale zusammen mit den anderen Gewürzen zu einer Mischung verarbeiten und die Fischfilets und Riesengarnelen damit würzen. Den gewürzten Fisch in einer Mischung aus etwas Pflanzenöl und etwas Butter von beiden Seiten kurz anbraten.

4 Die Riesengarnelen zusätzlich mit etwas Knoblauchöl beträufeln. Alles aus der Pfanne nehmen und auf einer hitzebeständigen Platte anrichten. Die gegarten Muscheln mit etwas weicher Kräuterbutter bestreichen und ebenfalls auf die Platte geben. Das Ganze für 6–8 Min. in den auf 140° C vorgeheizten Backofen geben. Anschließend auf der Platte servieren.

5 In der Zwischenzeit die Soße zubereiten. Hierfür Butter und klein gewürfelte Zwiebeln in einem Topf glasig anschwitzen, anschließend mit dem Weißwein ablöschen. Die Sahne und den Fischfond zugeben und um ein Drittel reduzieren lassen. Mit Salz, Pfeffer abschmecken und bei Bedarf mit etwas Maisstärke binden. Die Kräuter grob hacken und kurz vor dem Servieren zur Soße geben, so bleibt Farbe und Geschmack erhalten.

6 Den fertigen Fisch direkt aus dem Ofen auf der Platte servieren. Soße und Beilage separat servieren. Als Beilage empfehlen wir Basmatireis, Salzkartoffeln und Fettuccine.

Tradition in Perfektion

Im Brauereigasthof Fuchs in Steppach wird seit 1431 Schwäbisches aufgetischt. Auch im Biergarten.

Die Frage nach den Öffnungszeiten ist überflüssig: „Beim Fuchs gibt's koin Ruhetag." Ebenso direkt wie charmant sagt die Dame am Tel., was Sache ist. Der „Fuchs" ist die Steppacher Dorfwirtschaft. Und die hat auf. Morgens, wenn die unter selbem Dach logierenden Hotelgäste frühstücken. Mittags sowieso, wenn der kleine oder große Hunger nach Schwäbisch-Kräftig-Deftigem ruft. Und abends, wenn der Arbeitstag bei einer Halben vom hauseigenen Reichsadler-Bräu ausklingen soll. Wer will, kann sich da von der Stammtisch-Runde zum Politisieren anstecken lassen oder einfach nur in Ruhe die Atmosphäre in der (großen) guten Stube genießen. Da ist nichts auf alt gemacht, da ist alles alt. Die Holztür mit geschmiedeten Verzierungen und Beschlägen, ein paar Gerätschaften aus Haus und Hof, das Holzgestell zum Trocknen von Tüchern am Kachelofen. Und über all den Gästen wachen, in Öl mit gütigem Blick verewigt, die Vorfahren des Wirts: Josef Fuchs betreibt in nun sechster Generation Gasthof und Hotel. Mit Herz und Verstand, aber ohne Experimente: Filet vom Papageienfisch an Zitronengras-Schaum wird er nie servieren. „Was wollen Sie, wenn Sie woanders essen gehen?", fragt der gelernte Braumeister und gibt die Antwort: „Was Typisches." Also. Beständigkeit – darin liegt sein Rezept für den Erfolg. So tischt das Team um die sieben Köche Bodenständiges auf – nach zwei Maßgaben: „Regionale Qualität und preislich vernünftig im Rahmen." Die Karte verheißt „Rind von der Weide" oder „Pute vom Freiland". Für Fuchs heißt das nicht nur, Vertrauen zu den Erzeugern zu haben. Die Zusammenarbeit geht soweit, dass er ihnen Futter liefert und Bullen „von Hand züchten" lässt. Traditionell im besten Sinne des Wortes ist also dieser Zollstations-Gasthof, der seit dem Jahr 1431 eine wechselvolle Geschichte erlebt – mit niederschmetternden Bränden und illustren Gästen von Götz von Berlichingen, Giacomo Casanova, Kaiser Napoleon III., Joachim Ringelnatz bis hin zu den Ministerpräsidenten unserer Tage. Alle durften sie aus „Großmutters Kuchl" schlemmen und sich „Geistige Getränke" in den Kopf steigen lassen...

Sollte das dem Augsburger von heute auch mal passieren, muss er nicht gleich an eine Fata Morgana glauben, sollte er einen großen grünen Kasten unter Kastanien entdecken: Ja, es ist der Küchenpavillon vom Augsburger Rathausplatz! Der Wirt, der den Ratskeller über die Jahrtausendwende führte, hat ihn als Schankstation reaktiviert. Und so die Tradition des Biergartens gesichert, damit die Ausflügler vom Schmuttertal oder vom Bismarckturm sich ihr kühles Bier zu Schmankerln vom Grill oder zur mitgebrachten Brotzeit schmecken lassen können.

Markus Schwer

BESONDERHEITEN

Tageskarten und Abendkarte mit Drei-Gänge-Menü, „Hausangebot" auf Vorbestellung, Saal für Feiern, im Biergarten mit 600 Plätzen sind auch eigene Brotzeiten erlaubt, Weihnachtsmarkt im Advent

BRAUEREIGASTHOF FUCHS

- Schwäbisch-Bayerisch
- Original-ländlich
- € Wiener Schnitzel vom Schwein 10,50 €, Leber sauer 8,80 €, Saubuck'l auf Krautspätzle 12,90 €, Braumeister-Brotzeitteller 8,80 €

- Alte Reichsstraße 10, 86356 Neusäß-Steppach Tel. 0821/480920, www.brauereigasthoffuchs.de
- 11–24 Uhr, Reservierung empfehlenswert an Sonn- und Feiertagen, kein Ruhetag
- P am Haus
- H Steppach Mitte

MM

Gekochter Tafelspitz

mit Wurzelgemüse, Meerrettich
und Bratkartoffeln

ZUTATEN FÜR 4 PERSONEN

1,2 kg Tafelspitz, 2 kl. Zwiebeln, ½ Knolle Sellerie, 1 Stange Lauch, 5 mittelgroße Karotten,
800 g gekochte Kartoffeln (am besten vom Vortag),
50–100 g Speck, 2 Lorbeerblätter, 5 angedrückte Wacholderbeeren, 1 Gewürznelke,
4 EL Meerrettich, Salz, Pfeffer, Muskat, Kümmel, frische Petersilie

ZUBEREITUNGSZEIT

ca. 2,5 Stunden

1 Einen großen Topf halb voll mit Wasser aufstellen und zum Kochen bringen. Den Tafelspitz mit kaltem Wasser abwaschen. Anschließend ins kochende Wasser legen und 4 EL Salz zugeben.

2 Karotten und Sellerie schälen und die Abschnitte zum Fleisch hinzugeben. Das Fleisch bei mittlerer Hitze für ca. 1½–2½ Stunden (je nach Fleisch) köcheln lassen. Der Tafelspitz ist fertig, wenn Sie mit einer Fleischgabel hineinstechen und das Fleisch sich beim Herausziehen leicht von der Gabel löst. Jetzt Nelke, Lorbeer, Wacholder und Muskat zugeben.

3 Den Lauch der Länge nach halbieren, waschen, putzen und in Ringe schneiden. Den Sellerie in Scheiben schneiden und anschließend in 1 cm breite Streifen.

4 Das Wurzelgemüse nach und nach blanchieren (in gesalzenem Wasser kurz kochen bis das Gemüse etwas Biss hat). Anschließend in Eiswasser abschrecken.

5 Die Kartoffeln in Scheiben schneiden. Eine Pfanne erhitzen, etwas Öl zugeben und die Kartoffeln darin braten. Den Speck sowie die Zwiebeln würfeln, zu den Kartoffeln geben und kurz mitbraten bis die Zwiebeln etwas Farbe annehmen. Das Wurzelgemüse in Butter schwenken.

6 Den fertigen Tafelspitz gegen die Faser in dünne Scheiben schneiden und zusammen mit den Kartoffeln, dem Gemüse und 1 EL Meerrettich auf dem Teller anrichten.

KLEINER TIPP

Die Brühe in der das Fleisch gekocht wurde, durch ein Sieb passieren. Die fertige Brühe können Sie als Suppe verwenden z. B. Flädlesuppe.

Köstliches aus der Koch-Werkstatt

In der Gänsweid in Wertingen bieten Markus Egger und Sabine Simon eine leckere Mischung.

Die Dame am Tisch nebenan schwärmt vom Saibling. Das junge Paar gegenüber isst das Menü und schaut sich dabei verliebt an. Dahinter flackert der Kamin. Und spätestens wenn nach dem ausgezeichneten Essen noch einmal der Blick durch den Raum schweift, über die stilvolle Einrichtung und das gelungene Spiel mit Neu und Alt, fragt man sich: „Warum im kleinen Wertingen?" So ein Restaurant würde schließlich auch gut in Augsburg oder gar München funktionieren. Mit der Gänsweid haben Markus Egger und Sabine Simon eine Koch-Werkstatt geschaffen – im wahrsten Sinne des Wortes. Das Handwerk ist schon lange in dem denkmalgeschützten Gebäude an der Zusam zu Hause. 1750 wurde es bereits als „Gänsweidschmied" erwähnt. Nach dem Krieg war es eine Autowerkstatt. Seit 2010 gibt es keine Öl- und Reifenwechsel mehr, sondern Kreationen vom kulinarischen Handwerker Markus Egger, einem Koch aus Leidenschaft. Er und seine Partnerin sind glücklich mit ihrer Gänsweid und wissen, dass sie bei der Verwirklichung ihres Traums großes Glück hatten.

Als sie die Immobilie entdeckten, präsentierten sie dem Besitzer ein Konzept: Keine „Zusamstube" mit deftiger Wirtshauskost sollte es sein, sondern ein Restaurant mit gehobener aber nicht abgehobener Küche und einer Weinbar. Der Hausbesitzer war überzeugt und investierte in den aufwendigen Ausbau. Ein Innenarchitekt gestaltete das Haus um, erhielt aber alte Elemente. Zum Beispiel zog er über die Montagegrube eine Glasscheibe.

Die Mischung aus Tradition und Moderne spiegelt sich auch auf der Speisekarte wider, die in der Gänsweid eine täglich wechselnde Speisetafel und übersichtlich ist. Frisch und gut muss das Essen sein, ehrlich, ohne Firlefanz, sagt Egger, der in der Gänsweid einen günstigeren Espresso an der Bar anbietet – wie in Bella Italia. Er kocht gerne Gerichte, die es sonst kaum noch gibt. An bestimmten Tagen etwa Kalbsnierchen oder -bäckchen. „Darüber freuen sich vor allem ältere Gäste", erklärt Sabine Simon. Manche kommen auch wegen des „Küchenkinos": Sie sehen Egger und Kollegen in der offenen Küche beim Arbeiten zu. Die Gänsweid steht im bekannten Restaurantführer Guide Michelin. Lust auf einen Stern? „Nein", sagen Egger und Simon sofort unisono. „Dafür braucht man auch mehr Personal", ergänzt Sohn Moritz, der sich schon gut auskennt und zusammen mit seiner Schwester Emma der Kinderkartenexperte ist. Ihre Favoriten: Fisch mit Knusperhaut und Matschäpfel mit Kartoffelkeksen. Und warum nun ausgerechnet Wertingen? „Wir kommen beide von hier", sagt Markus Egger. Sein Elternhaus steht um die Ecke. Und die Wiese, nach der die Straße und sein Restaurant benannt sind, kannte er auch noch.

Lea Thies

BESONDERHEITEN

Offener Kamin, Außenbewirtung, offene Küche, auf Voranmeldung veganes Essen, Kinderkarte, Espresso an der Bar für 1,30 Euro, Themenabende

GÄNSWEID

- Schwäbisch mediterran
- Modern-stilvoll
- € Menü ab 30,– €, Kindergerichte ab 3,50,– €, Mittagstisch ab 8,– €

- Gänsweid 1, 86637 Wertingen
  Tel. 08272/642132, www.gaensweid.de
- Mo. bis Fr. 11.30 – 14 und 18 – 24 Uhr,
  Sa. 18 – 24 Uhr, So. 11.30 – 14 und 17.30 – 23 Uhr
  Reservierung empfohlen, Ruhetag Mittwoch
- P Parken in der Seitenstraße
- Jein (eine Stufe, barrierefreies WC)

WYS

Joghurtcreme im Baumkuchenmantel

mit frischen Beeren

ZUTATEN FÜR 4 – 6 PERSONEN

JOGHURTCREME 3 Eigelb, 50 g Zucker, 3 Blatt Gelatine, 300 g Joghurt (10% Fett), Mark einer halben Vanilleschote, 250 g Sahne

BAUMKUCHEN 200 g Butter (weich), 100 g Puderzucker, 6 Eigelb, 6 Eiweiß, 150 g Marzipan, 50 ml Milch, 120 g Zucker, 90 g Mehl, 80 g Speisestärke, 1 EL Rum, 1 Prise Salz, Frische Beeren, 100 g Blaubeeren oder Heidelbeeren, 100 g Himbeeren, 300 g Erdbeeren, 50 g Puderzucker, ½ Zitrone

ZUBEREITUNGSZEIT

ca. 1 Stunde (+ 4 – 5 Stunden Ruhezeit)

1 Für die Joghurtcreme, die Sahne steif schlagen und kalt stellen. Die Gelatine im kalten Wasser einweichen. Eigelb mit Zucker und Vanillemark in einem Kessel über dem Wasserbad abrühren, bis die Masse bindet. Die Gelatine ausdrücken und in der warmen Masse auflösen. Nach und nach den Joghurt in die schaumige Masse geben und glatt rühren. Die Sahne steif schlagen und vorsichtig unterheben. Die Masse kühl stellen.

2 Für den Baumkuchen die Butter mit Puderzucker, Rum und Salz schaumig schlagen. Jetzt Eigelb langsam mit unterrühren. Das Marzipan mit der Milch leicht erwärmen und glatt rühren. Anschließend in die Butter-Ei-Masse rühren.

3 Das Eiweiß und den Zucker steif schlagen. Das Mehl mit der Stärke mischen. ⅓ Eischnee unter die Butter-Ei-Masse heben. Anschließend die Hälfte der Mehl-Mischung unterheben. Nun den restlichen Eischnee und die restliche Mehl-Mischung unterheben. Den Backofen auf 250° C (Grill) vorheizen. Eine Backform (20 x 20 cm) mit Backpapier auslegen und den Teig gleichmäßig darauf dünn ausstreichen. Nun 2 – 3 Min. unter dem Grill goldgelb backen. Nun eine weitere Schicht auf den fertigen Teig aufstreichen und wiederum 2 – 3 Min. goldgelb backen. Mit dem restlichen Teig ebenso verfahren, so entstehen ca. 20 – 25 gleichmäßige Schichten.

4 Den Baumkuchen stürzen und in 3 – 4 mm dünne Streifen schneiden. Die Förmchen (6 Stck. à 6 cm Durchmesser und 5 cm Höhe) bereitstellen. Die Baumkuchenstreifen auf die passende Größe schneiden und die Ränder der Förmchen damit auskleiden. Nun die Joghurtcreme in die ausgekleideten Förmchen füllen und kalt stellen (mindestens 4 – 5 Std., am besten einen Tag).

5 Die Erdbeeren waschen und in Scheiben schneiden. 100 g Erdbeeren mit dem Puderzucker und etwas Zitronensaft pürieren und mit den restlichen Erdbeeren mischen.

6 Die Förmchen kurz in heißes Wasser tauchen und mit einem kleinen Messer vom Rand lösen. Die Joghurtcreme im Baumkuchen auf einen Teller stürzen und diesen mit den Beeren und dem Püree garnieren.

Eisbein und Eisbuffet

Die Gaststätte Metzger in Wulfertshausen vereint Tradition mit Moderne und ist ein Familienbetrieb.

Manchen Wirten wird nachgesagt, dass sie gerne mal jammern über die viele Arbeit bei bescheidenem Einkommen. Auch wenn sie ordentlich ranklotzen müssen, stimmen die Wirtsleute der Gaststätte Metzger aus dem Friedberger Stadtteil Wulfertshausen nicht in das Wehklagen ein. „Es läuft hervorragend", sagt Seniorchef Christian Tremmel. Und er liefert dafür mehrere Erklärungen. Da ist zum einen der große, bei Bedarf teilbare, Saal für bis zu 300 Gäste, der sich für Hochzeiten oder andere Feste eignet. Das zweite Standbein sind die Stammgäste, die sich die reichlichen Portionen zu moderaten Preisen schmecken lassen. „Sie sind uns wichtig. Manche, vor allem Senioren, kommen jeden Tag zu uns", betont Tremmel Senior. Ehefrau Anna und Juniorchef Christian bürgen für gleichbleibende Qualität, für frischen Kartoffelsalat und Bratensoßen, für die sie eigenhändig Knochen zerlegen und Gemüse schnippeln. „Hausgemacht, nicht ausgepackt", formuliert der Koch seine oberste Maxime. Christian Tremmel besuchte die Hotelfachschule und lernte bei Dallmayr in München, bevor er sich an den Herd des Familienbetriebs begab.

BESONDERHEITEN

Großer Saal für bis zu 280 Gäste, Kellerbar für maximal 70 Gäste, Terrasse, saisonale Speisekarte

Seit gut 40 Jahren führen seine Eltern die Gaststätte, die sie von Annas Eltern – den Metzgers – übernahmen. 1982 wagte sich das noch junge Ehepaar an einen Neubau mit Saal, Kellerbar, Kegelbahn, Gaststube und acht Schießständen (für den örtlichen Schützenverein). Diese Entscheidung erwies sich als goldrichtig. Kein Geheimnis machen die Seniorchefs aus ihrer Freude darüber, dass „der Metzger" in der Familie bleibt, wenn sie sich eines Tages zur Ruhe setzen. Sogar Schwiegertochter Tanja sitzt mit im Boot und kümmert sich ums Büro. Ebenso wie seine Eltern fühlt sich der Junior-Tremmel der regionalen Küche verbunden. „Wir bleiben unserer Tradition treu", sagt er. Der Familienvater stürzt sich nicht auf jede kulinarische Mode, umso mehr freut er sich über die Komplimente seiner Gäste und die Auszeichnung beim Wettbewerb „Bayerische Küche".

Bei aller Bodenständigkeit bieten die Tremmels Abwechslung. Tages und Abendgerichte komplettieren die reguläre Speisekarte. Je nach Jahreszeit kommen Spargelspezialitäten, Sommersalate sowie Enten und Gänse auf den Tisch. Extras gibt es auch für die kleinen und die älteren Gäste. Dass der Juniorchef darüber hinaus technisch bewandert ist, zeigt sich nicht nur beim ausgetüftelten Kassensystem, sondern auch beim Hochzeitsdessert. „Bei uns gibt es alles: vom Eisbein bis zum Eisbuffet mit Lasershow." *Andrea Baumann*

GASTSTÄTTE METZGER

- Bayerisch, gut-bürgerlich
- Rustikal, gemütlich
- € Brätstrudelsuppe 2,40 €, Schweinebraten mit Beilagen 7,30 €, Spinatspätzle mit Salat 6,90 €, Schweizer Schnitzel 9,40 €

- Radegundisstr. 14, 86316 Friedberg-Wulfertshausen Tel. 0821/781696, www.gaststaette-metzger.de
- Mittwoch bis Samstag von 11.30–23 Uhr, Sonntag ab 11 Uhr, Mittagessen bis 14 Uhr, Abendküche 17–21 Uhr, Ruhetage Montag und Dienstag
- P Parken vor dem Haus, auch Busse
- Ja

WYS

Wulfertshauser Bergschnitzel

mit Röstkartoffeln

ZUTATEN FÜR 4 PERSONEN

1 kg Kartoffeln (festkochend), 1 mittelgroße Zwiebel, 4 Schweineschnitzel à 150 g (auch Schweinelendchen möglich), 300 g Bergkäse, 2–3 Eier, etwas Mehl zum Panieren, Salz, Pfeffer, Petersilie, Fett

ZUBEREITUNGSZEIT

ca. 45 Minuten

1 Für die Röstkartoffeln, die Kartoffeln in Wasser weichkochen, schälen und anschließend abkühlen lassen. In der Zwischenzeit die Zwiebel in kleine Würfel schneiden.

2 Die abgekühlten Kartoffeln in Scheiben schneiden und in etwas Butter rösch anbraten.

3 Zum Schluss mit einer Prise Salz abschmecken und die Zwiebel hinzugeben. Das Ganze noch einmal kurz anbraten. Die fertigen Röstkartoffeln können im Backofen etwas warm gehalten werden.

4 Für das Bergschnitzel die Schweineschnitzel klopfen, salzen und pfeffern. Nun die Eier in eine Schüssel geben und verquirlen. Auf einem Teller etwas Mehl verteilen. Den Bergkäse in eine flache Schüssel fein raspeln. Das Fleisch im Mehl wenden, durch das Ei ziehen und gut in der Käsepanade wenden und andrücken. Nach dem Panieren die Schnitzel in einer Pfanne mit heißem Fett goldgelb herausbacken.

5 Die Schnitzel zusammen mit den Röstkartoffeln auf einem angewärmten Teller anrichten und je nach Belieben mit etwas frischer Petersilie oder Kresse garnieren.

6 Als zusätzliche Beilage empfehlen wir grünen Salat oder Feldsalat, fein mit Essig und Öl angemacht.

Gourmet und Knödel

Stefan Fuß macht im Goldenen Stern in Rohrbach vieles neu, vergisst dabei aber seine Wurzeln nicht.

Beim Blick in die Speisekarte lässt man sich erst einmal einen Satz auf der Zunge zergehen: „... gibt es nur ein Konzept: kompromisslose Qualität." Das sitzt. „Kompromisslose Qualität." Der, der sich selbst diesen Maßstab setzt, der sich an diesem Anspruch messen lässt, heißt Stefan Fuß. Ein junger Mann voller Ideen und Tatendrang. Sein Motto: „Lebendig – leidenschaftlich – liebenswert." Wer im Goldenen Stern in Rohrbach einkehrt, also im idyllischen Friedberger Hügelhinterland, sollte zu einer Reihe von Spagaten bereit sein, zu spannenden Wechselwirkungen zwischen traditionell und innovativ, zwischen bodenständig und modern. Von außen sieht der Gasthof (noch) aus wie eine normale Dorfwirtschaft. Drinnen lassen erste Renovierungen (Fassade und Außenanlagen sollen folgen) im neuen Nebenzimmer ahnen, wie dieser Spagat beim Ambiente gedacht ist: moderner Land-Art-Stil. Blickt man sich in der auch mittags oft rappelvollen Stube um, so ist unschwer zu erkennen: Hier kehrt der Handwerker im Arbeitsg'wand genauso ein wie der Typ Anwalt mit Krawatte. Oder die Wanderer mit Stiefeln und Windjacke, die traditionell donnerstags aus Augsburg kommen.

BESONDERHEITEN

Gourmet-Abende jeden ersten Mittwoch im Monat, Catering für private und geschäftliche Anlässe

Und dann die Zusammenstellung der Gerichte. Auch hier Überraschendes: Tagliatelle-Nudeln werden mit Ochsenragout (der Oxenweg ist nicht weit!) und Kirschtomaten fein kombiniert, die geschmorte Schulter kommt mit Kurzgebratenem auf einen Teller. Der Küchenchef und Wirt weiß, dass all das nicht in eine Schublade passt, und klärt auf: „Es ist eine Gratwanderung. Wir sind dabei, unseren eigenen Stil zu finden." In der Tat: Manches ist neu, seit Fuß 2012 das Gasthaus der Eltern übernommen hat. „Aber die Leute haben es mitgemacht", zollt er seinen Gästen Respekt. Er weiß um anfangs manch gerümpfte Nase über sein Engagement für das zweite Standbein: die Gourmetküche. Einmal im Monat serviert er Ausgefallenes. Und das Catering-Team ist schon mal Tage unterwegs in Moskau, Rom, Bukarest oder Brüssel, um im Auftrag der Staatsregierung bayerische Köstlichkeiten zu kredenzen.

Der Spagat scheint zu gelingen. Stefan Fuß ist sich seiner Heimat bewusst. „Ich bin ein typisches Wirtshauskind." Er ist in der Stube aufgewachsen und er wird den „Stern" in die Zukunft führen. Auch mit seinen Lieblingsgerichten, den Braten („Da steckt viel Herz drin") und legendären 400-Gramm-Knödeln seiner Mutter Viktoria. „Ich wollte nie etwas anderes machen als kochen", sagt der Wirt, der im Herzog Ludwig in Friedberg gelernt hat. Und nun: „Wir stehen erst am Anfang. Wir haben noch viel vor." Noch so ein Satz, der auf der Zunge zerfließt... *Markus Schwer*

GOLDENER STERN

- Gehoben bayerisch-bürgerlich
- Gepflegt-gemütlich
- Geschmorte Lammhaxe 17,90 €, günstige Mittagsgerichte z. B. Schweinebraten ab 6,50 €, Wiener Schnitzel 8,90 €

- Dorfstraße 1, 86316 Friedberg-Rohrbach Tel. 08208/407, www.gasthaus-goldenerstern.de
- 11–14.30 Uhr und 18–24 Uhr, Reservierung empfohlen, Ruhetage Montag und Dienstag
- P Genügend Parkplätze vorhanden

Viele
bayerische Gäste
bestellen
HUMMER,
haben aber
immer einen
SCHWEINSBRATEN
im Hinterkopf

MM

Böfflamott

vom Wittelsbacher Ox

ZUTATEN FÜR 4 PERSONEN

1 kg flache Schulter, 1 kg Wurzelgemüse (Zwiebel, Sellerie, Lauch, Karotten),
1 l kräftiger Rotwein, 1 TL Senfkörner, 2 Lorbeerblätter,
1 TL Wacholderbeeren, schwarzer Pfeffer, 1 Zimtrinde, 1 l Rinderfond, Rapsöl

ZUBEREITUNGSZEIT

ca. 2 Stunden (+ 4–5 Tage Ruhezeit)

1 Das Wurzelgemüse waschen, putzen und in ca. 2 cm große Würfel schneiden.Das Ochsenfleisch mit dem Gemüse, dem Rotwein und den Gewürzen in einen weiten Topf geben, mit einem Deckel verschließen und 4–5 Tage reifen lassen. Dabei das Fleisch täglich wenden.

2 Nach dem Reifen das Fleisch aus dem Topf nehmen und gut trocken tupfen. Das Gemüse abseihen und beiseite stellen. Nun mit Salz und Pfeffer würzen. Das gewürzte Fleisch in einer tiefen Pfanne mit Rapsöl von allen Seiten scharf anbraten.

3 Das Gemüse und die Gewürze mit anrösten und mit Rotwein ablöschen. Nun den Rinderfond zugeben und kurz aufkochen lassen.

4 Das Ganze nun in einen Bräter umfüllen und im vorgeheizten Ofen bei 160° C ca. 2 Std. garen lassen.

5 Nach dem Garen die Soße passieren, binden und abschmecken. Nun das Fleisch auf einem Teller anrichten und mit frisch geriebenem Meerrettich servieren. Dazu schmecken Brezen- oder Bärlauchknödel sowie frisches Gemüse.

Steaks und Burger auf amerikanisch

Das Gordion in Königsbrunn ist eine Tochter des Azsteakas – es wird weiter expandiert. Und es gibt auch Fisch.

Die Gastronomie in der Region, sie hat etwas von einem Stammbaum: Überall gibt es Querverbindungen und Verwandtschaften. Das Gordion in Königsbrunn zum Beispiel ist eine Tochter des Azsteakas in Augsburg. Vielen Gästen sind solche Zusammenhänge oft nicht bewusst, wenn sie sich für ein Lokal entscheiden. Vielen Restaurant-Chefs wiederum ist das gerade recht.
Alexandra Karlinger, Betriebsleiterin des Gordion, hat dafür eine plausible Erklärung: Wer das Gefühl hat, zwei Lokale funktionieren nach demselben Prinzip, probiert vielleicht nur eines aus. Für einen Restaurantbetreiber wäre so etwas fatal. „Als wir das Gordion übernahmen, haben wir uns deshalb für ein abgewandeltes Konzept entschieden", sagt Karlinger: Während in Augsburg der Schwerpunkt auf Steaks liegt, gibt es in Königsbrunn ein paar Fischgerichte mehr. Was die Burger betrifft, ist zwar das Angebot gleich, der Preis aber nicht: In der Stadt kostet das amerikanische Vergnügen mehr als im Umland.
Bis vor zwei Jahren gehörte das Königsbrunner Restaurant einem anderen Betreiber, es war auf eurasische Küche ausgerichtet. Gordion aber hieß es schon damals. „Den Namen haben wir samt des Lokals übernommen", sagt Alexandra Karlinger. Warum damit auf den berühmten, angeblich unlösbaren gordischen Knoten verwiesen wird, den Alexander der Große der Sage nach durchtrennte, weiß die Restaurantchefin nicht. Sie und ihr Team aber hatten keine so schwierige Aufgabe zu lösen, als sie in Königsbrunn einstiegen: Der Laden läuft, obwohl es in Augsburg und der Region viele Steakhäuser gibt.
Es könnte, unter anderem, am Service liegen, denn wer im Gordion isst, fühlt sich gut betreut: Im Gegensatz zu anderen Restaurants, in denen sich die Bedienungen nach der ersten Runde oft nicht mehr blicken lassen, wird hier gleich mehrfach am Abend nachgefragt, ob alles in Ordnung sei. Ein Service, auf den das Team von Gordion und Azsteakas großen Wert legt: „Wir haben zwar viele Studenten und Schüler im Team. Sie werden aber sehr gut eingearbeitet und so geschult, dass sie genau wissen, wie man auf die Gäste einzugehen hat."
Das Konzept scheint aufzugehen, denn „Mutter Azsteakas" bleibt auf Expansionskurs: „Wir haben einige Objekte im Auge, darunter welche in München", sagt Alexandra Karlinger. Auch dort soll sich das Konzept dann wieder leicht von den bestehenden Lokalen unterscheiden.

Nicole Prestle

BESONDERHEITEN

Regelmäßige Aktionen wie mexikanische, amerikanische Wochen, vegetarische Gerichte nach Karte oder nach Wunsch des Gastes, Cocktails

GORDION

- Steaks, Fleisch- und Fischgerichte
- modern, Dekoration in dezentem Kolonialstil
- € Hüftsteak inkl. Knoblauchbrot für 12,50 € (200 Gramm) oder 17,50 € (300 Gramm)

- Rathausstraße 2, 86343 Königsbrunn
  Tel. 08231/9574675, www.restaurant-gordion.de
- 17.30 – 22.30 Uhr, Reservierung dringend empfohlen, kein Ruhetag
- P Parken in der näheren Umgebung problemlos
- H Königsbrunn Zentrum

Desserts
MENÜ

Curry-Chili-Suppe

ZUTATEN FÜR 2 PERSONEN

200 ml Wasser, 100 ml Sahne (30%), 100 ml Kokosmilch, 10 g Curry, 2 g Kurkuma, 2 TL Salz, 2 TL Zucker, 4 TL Hühnerbrühe, 2 Msp. Chilipulver, 20 g Speisestärke, etwas Butter

ZUBEREITUNGSZEIT

ca. 20 Minuten

1 In einem Topf ein kleines Stück Butter bei geringer Hitze schmelzen und das Curry darin anrösten. Das Curry soll dabei keine Farbe nehmen!

2 Jetzt mit der Hühnerbrühe aufgießen, die Sahne sowie Kokosmilch hinzugeben. Das Ganze bei mittlerer Hitze aufkochen lassen.

3 Die Suppe nun mit Salz, Zucker, Chilipulver sowie Kurkuma würzen. Im Anschluss ca. 10 Min. bei mittlerer Hitze köcheln lassen.

4 Die Speisestärke mit kaltem Wasser in einem geeigneten Gefäß vermengen und die Suppe damit leicht abbinden.

5 Vor dem Servieren die Suppe nochmals abschmecken. Diese sollte leicht süßlich-scharf schmecken.

KLEINER TIPP

Mit einem Schuss Kokossirup schmeckt die Suppe leicht süßlich und noch etwas intensiver nach Kokos.

Schlemmen im Hühnerstall

Die Landwirtsfamilie Frisch hat sich in Königsbrunn mit der Hofwirtschaft Nepomuk einen Traum erfüllt.

Edith und Erwin Frisch fingen klein an: Mit den Eiern ihrer Hühner fuhren die Landwirte von Haus zu aus. Irgendwann reservierten sie einen Raum ihres Hauses im Süden Königsbrunns für den Verkauf ihrer Produkte. Vor rund 30 Jahren erfüllten sich die beiden dann ihren Traum von Hofladen und Gaststätte und bauten dafür ihren Hühnerstall und weitere Gebäude komplett um. Wer genau hinsieht, kann den Stall in den blitzsauberen, mit viel Holz versehenen Räumen noch erahnen. Tochter Sabine Frisch legt Wert darauf, eben „kein" Restaurant zu führen: „Wir sind eine Hofwirtschaft und wollen mit unserer ehrlichen Küche alle Schichten ansprechen", sagt sie. Und obendrein viele Geschmäcker zufriedenstellen: Wer der Fleischeslust frönen will, wird in der Speisekarte ebenso fündig wie Fischliebhaber, Vegetarier oder auch Veganer. Auch ein g'standener junger Mann braucht sich nicht zu genieren, wenn er eine „schlanke Portion" bestellt. Danach ist vielleicht noch Platz für Apfelküchle oder eine kleinere „Sünde" – das süße Magendratzerl.

BESONDERHEITEN

Familienbetrieb mit Hofladen, Küche mit Produkten aus der eigenen Landwirtschaft

„Sogenannte Seniorengerichte anzubieten fänden wir diskriminierend", sagt Sabine Frisch, die sich die Arbeit mit ihren Eltern und ihren beiden Schwestern Karin und Tina teilt. Die Wirtschaft mit fast 200 Plätzen und einem Sommergarten, der Hofladen, die Zucht von Hühnern und anderem Federvieh sowie die Äcker halten die Frischs von früh bis spät auf den Beinen. Doch obwohl das Geld in der Gastronomie „hart verdient" sei, möchte die Restaurantleiterin um nichts in der Welt in ihren gelernten Beruf als Steuerfachangestellte zurück. Sabine Frisch genießt es, gemeinsam mit Küchenchef Markus Pickl die Speisekarte zusammenzustellen und neue Gerichte zu kreieren. Alles werde frisch und ohne Fertigprodukte oder Geschmacksverstärker gekocht. „Bei uns kommt nichts aus der Küche, das wir nicht selbst mit Genuss essen würden", verspricht die Wirtin, sei es nun bodenständig oder flippig wie die Forellenfiletstreifen in roter Curry-Ingwer-Soße. Ihr persönliches Leibgericht variiert. Es entstammt mit großer Wahrscheinlichkeit dem Teil der Speisekarte, der sich an der Saison orientiert.

Ihren Namen Nepomuk verdankt die Wirtschaft der kleinen, alten Kapelle beim Hof, in der es sich vortrefflich heiraten lässt. Wer das Auto auf dem Parkplatz abstellt, wird von den Hühnern der Frischs gackernd begrüßt. In der warmen Jahreszeit kommt eine weitere Attraktion hinzu: der Kinderspielplatz mit Ziegen und Meerschweinchen. Den Eltern ist ein gemütliches Essen sicher.

Andrea Baumann

HOFWIRTSCHAFT NEPOMUK

- Leichte deutsche Küche
- Gepflegt und gemütlich
- € Spinatknödel mit Bergkäse auf Ratatouille 7,90/9,90 €, Lammhüftsteak mit Bärlauchpesto, Speckbohnen und Kartoffelwürfel 15,90/17,90 €

- Landsberger Straße 57, 86343 Königsbrunn Tel. 08231/6566, www.hofwirtschaftnepomuk.de
- Mittwoch bis Sonntag von 11.30 – 14 Uhr und ab 17.30 Uhr, Ruhetage Montag und Dienstag
- P Viele Parkplätze vor dem Haus
- H Gh. Stern
- Ja

Nepomax
Nepomax

Chukka Club

Bunte
30 ct.
FRISCHE
EIER
VON UNSEREN

Spinatknödel

gefüllt mit Bergkäse
auf Ratatouille

ZUTATEN FÜR 4 PORTIONEN

SPINATKNÖDEL 300 g Knödelbrot, 200 g Blattspinat (gehackt), 50 g Butter, 1 mittelgroße Zwiebel, 200 ml Milch, 3 Eier, 70 g würziger Bergkäse, Salz, Pfeffer, Kümmel, Muskat (gemahlen)
RATATOUILLE 2 kleine Zucchini, 2 gelbe Paprika, 2 rote Paprika, 1 mittelgroße Aubergine, 3 mittelgroße Zwiebeln, 1 Knoblauchzehe (nach Belieben), 5 EL Tomatenmark, ½ l Gemüsebrühe, 3 EL Olivenöl, Salz, Pfeffer, Zucker, Oregano, Basilikum

ZUBEREITUNG
ca. 1 Stunde

1 Für die Spinatknödel die Zwiebeln fein würfeln und in Butter glasig andünsten. Anschließend mit Milch ablöschen. Den gehackten Spinat untermischen und anschließend kräftig mit Salz, Pfeffer, Muskat und Kümmel würzen. Nun etwas abkühlen lassen. Den Bergkäse in Würfel schneiden.
2 Einen großen Topf mit Salzwasser zum Kochen bringen. Semmelbrot mit der abgekühlten Masse und den Eiern zu einem homogenen Teig verarbeiten. Hände mit kaltem Wasser anfeuchten und die Knödel abdrehen. Mit Käse füllen und im Salzwasser kochen, bis sich die Knödel an der Wasseroberfläche drehen.

3 Für das Ratatouille das Gemüse waschen, putzen, in gleichmäßige Würfel schneiden und getrennt abfüllen. Zwiebeln und Paprika zusammen in heißem Öl anschwitzen, Tomatenmark zugeben und kurz anrösten. Nach und nach restliches Gemüse zugeben und mit Gemüsebrühe ablöschen. Das Gemüse ca. 5 Min. einkochen lassen bis die Flüssigkeit nahezu vollständig reduziert ist.
4 Mit Salz, Pfeffer, Zucker, Oregano und Basilikum nach Geschmack würzen. Die Spinatknödel zusammen mit dem Ratatouille auf einem vorgewärmten Teller anrichten.

Bete, arbeite – und speise

Im Klostergasthof Holzen können die Gäste kulinarisch und spirituell Einkehr halten.

Vergangenheit verpflichtet, vor allem, wenn sie wie beim Klostergasthof Holzen bis ins 18. Jahrhundert zurückreicht: 1710 wurde das Gasthaus gegründet. In erster Linie sollte es die Schwestern des Klosters verköstigen, doch auch Menschen aus dem Dorf waren willkommen. Heute hat sich die Situation schon wegen der gesellschaftlichen Entwicklung verändert: Im Kloster, das unter der Trägerschaft des Dominikus-Ringeisen-Werkes steht, leben nur noch fünf Schwestern der St.-Josefs-Kongregation. Dafür ist der Zustrom von außen größer geworden: „Wir liegen an der Romantischen Straße und am Jakobsweg. Deshalb kommen viele Ausflügler", sagt Philipp Flamm.

BESONDERHEITEN

Brotzeitkarte täglich 14–17.30 Uhr,
sonntags eigene, kleinere Karte,
Integrierter Hotelbetrieb

Flamm ist Direktor des 2011 im Klostergebäude eröffneten Hotels und damit verantwortlich für ein weiteres „Zugpferd": „Viele Firmen buchen unsere Räume für Tagungen. Da es international operierende Unternehmen sind, kommen auch die Teilnehmer aus der ganzen Welt."
Im Klostergasthof hat man sich angepasst: Traditionelle und regionale Speisen werden vom Küchenteam neu interpretiert. Und auf der Speisekarte finden sich auch einige „Geheimrezepte", die von Schwester Theresia übertragen wurden.
Wer im Biergarten sitzt, hat einen schönen Blick auf die weitläufige Anlage, die oben auf einem Hügel direkt am Waldrand thront. Draußen gibt's für Gäste eine Brotzeitkarte mit deftigen Speisen. „Wer möchte, kann dort aber auch alles andere haben, was auf der Speisekarte steht", sagt Flamm. Zudem versorgt die Küche außer den Ausflüglern auch die Hotelgäste und die Bewohner der Wohngruppen, die das Dominikus-Ringeisen-Werk in der Anlage eingerichtet hat.

Der klassische Klostergarten, der heute in vielen ähnlichen Anlagen noch einen wesentlichen Beitrag zum Speiseplan der Bewohner leistet, ist im Kloster Holzen eher klein. „Wir haben noch einige Obstbäume, den Apfelsaft machen wir selbst", sagt Flamm. Zudem wurde der Kräutergarten neu bepflanzt. Dort bedient sich das Küchenteam.
Ora et labora – bete und arbeite. Dieses von jeher gepflegte Zusammenspiel zwischen Spiritualität und weltlichem Leben ist es, auf den Hotel- und Restaurantbetreiber auch heute noch Wert legen: „Unsere Gäste sollen den ganzheitlichen Ansatz dieses Standortes wahrnehmen: Sie können genießen, die Klosteranlage besichtigen, sie begegnen aber auch den Behinderten, die hier leben und arbeiten." *Nicole Prestle*

KLOSTERGASTHOF HOLZEN

- Regional, schwäbisch
- Modernes Flair in historischem Gebäude
- Wiener Schnitzel (Schwein) 10,90 €, gegrilltes Forellenfilet 13,90 €, Kässpätzle 7,90 €

- Klosterstraße 1, 86695 Allmannshofen
  Tel. 08273/9959-1580, www.kloster-holzen.de
- Täglich 11–23 Uhr, warme Küche 11–14.30 Uhr und 17.30–21.30 Uhr, Reservierung wird dringend empfohlen, kein Ruhetag
- P Parken vor dem Klostergelände

Lachs-Carpaccio-Roulade

mit Pesto an Limonenvinaigrette mit Kaviarsahne

ZUTATEN FÜR 4 PERSONEN

LACHSROULADE 400 g frisches Lachsfilet, sauber ohne Haut und Fettschicht, 50 g Basilikumblätter, 1 EL Pinienkerne, 2 Knoblauchzehen, 8 EL Olivenöl, 20 g geriebener Parmesan, je 1 Prise Salz & Pfeffer
LIMONENVINAIGRETTE 4 EL Fischfond, 1 Saft von 1 Limone, je 1 Prise Zucker, Salz, Pfeffer
KAVIARSAHNE 1 EL Crème fraîche, 50 g Kaviar (aus dem Fischfachhandel), 2–3 EL Sahne, Salz, Pfeffer

ZUBEREITUNGSZEIT

ca. 45 Minuten (+ 6–8 Std. Ruhezeit)

1 Aus Basilikum, Pinienkernen, Knoblauch, Olivenöl, Parmesen, Salz und Pfeffer mit dem Mixer eine gleichmäßige Masse herstellen.

2 Das Lachsfilet in gleichmäßige, ca. 4 mm dicke Scheiben schneiden. Den Lachs auf eine Klarsichtfolie legen, sodass ein ca. 12x25 cm großes Rechteck entsteht. Den Lachs mit dem Pesto bestreichen und einrollen (Folie nicht mit einrollen). Danach die Folie stramm um die Lachsrolle ziehen und festwickeln. Zusätzlich mit Alufolie umhüllen und an den Enden gut verschließen. Für ca. 6-8 Stunden ins Eisfach legen.

3 Für die Limonenvinaigrette den Fischfond und den Limonensaft gut mixen. Mit Zucker, Salz und Pfeffer abschmecken.

4 Für die Kaviarsahne, Crème fraîche und Sahne glattrühren. Mit Salz und Pfeffer abschmecken. Den Kaviar dann vorsichtig unterheben.

5 Zum Anrichten die Folien entfernen. Den Fisch am besten mit einem sehr scharfen Messer in ca. 2 mm dünne Scheiben schneiden und direkt auf gekühlte Teller legen. Das Fisch-Carpaccio mit Salz und Pfeffer aus der Mühle würzen und mit der Limonenvinaigrette und etwas Olivenöl beträufeln.

6 Das Carpaccio mit der Kaviarsahne und ein paar Salatblättern garnieren.

KLEINER TIPP

Pro Teller zwei dünne Stangen grüner Spargel kurz braten und schräg übereinander anrichten. Wer mag, serviert noch einen Reibedatschi dazu.

Heut' und einst beim Dorfwirt

Seit einem Jahrhundert ist der Gasthof Huber in Steinach in Familienbesitz. Die Schweine züchtet der Chef selbst.

Früher war's einfach: Wer essen wollte, ging zum Dorfwirt, wer was Neues erfahren wollte auch – und mit viel Glück war gleich noch ein „g'scheiter Schafkopf" drin. „Ganze Handwerksbetriebe" kamen zum Mittagessen, erinnern sich Katharina und Franz Huber an die 1960er. Dass man da im Vorbeigehen isst, wie es inzwischen gang und gäbe sei, „das hätt's nie gegeben".

Heute leitet ihr Sohn Karl den Landgasthof in Steinach bei Mering. Er ist über 50, ledig, Chef in dritter Generation und hat's vielleicht am Schwersten. Denn in den vergangenen Jahren hat die Selbstverständlichkeit, mit der „d' Leut" früher zum Essen gingen, abgenommen. Hat ja kaum noch jemand Zeit bei all den beruflichen Terminen. Zeit aber sollte man sich nehmen „beim Huber". Man braucht nämlich allein schon einige Minuten, um sich durch die mehrseitige Speisekarte zu lesen. Tagesangebote, Wochenkarte, Sonderaktionen, für Kinder, für Vegetarier – alles dabei. „Und frisch, nichts kommt vakuumverpackt", versichert der Chef. Das liegt zum einen daran, dass der gelernte Koch seine Schweine selbst mästet. Rind, Kalb und Fisch kauft er von Anbietern aus der Region, Gemüse, Mehl und Eier auch. Der kleine „Saustall" auf dem Anwesen in Steinach hat aber noch einen zweiten Vorteil: Weil Karl Huber das ganze Tier verwertet und nicht nur die Stücke kauft, die häufig gegessen werden, kommt im Landgasthof noch Ausgefallenes auf den Tisch: Schlachtplatte, immer mittwochs, mit Blut- und Leberwurst, Schweinehirn, Nierchen, saures Lüngerl...

Seit 1914 ist der Landgasthof mit angeschlossenem Hotel ein Familienbetrieb. Katharina Huber heiratete in den 1950ern ein, 1997 übernahm ihr Sohn, der zuvor im Steigenberger Zeppelin in Stuttgart und in der Sonnenalp im Allgäu beschäftigt war. Karl Hubers Freundin Ingrid Schneider, eine staatlich geprüfte Hauswirtschafterin, hilft regelmäßig mit, sein Bruder und seine Schwester springen manchmal ein, gelegentlich auch Nichten und Neffen. Bei ihnen aber hat der Elan etwas nachgelassen. Eine Gastwirtschaft fordert vollen Einsatz, „drei Wochen Urlaub im Jahr und das war's", sagt Huber. Junge Leute könne man dafür kaum noch begeistern. Vielleicht hat deshalb in Steinach über hundert Jahre nur ein Landgasthof von dreien überdauert.

Die Hubers sind mit der Zeit gegangen: Die Küche wurde neu gebaut, der Hoteltrakt ebenso. Im Gastraum herrscht Gute-Stuben-Atmosphäre, Bänke und Stühle aus Holz, bezogen mit Stoff in hellen Farben, ein paar echte Blumen, ein paar künstliche, kein Schnickschnack. Den Gästen kommt's aufs Essen an. Darauf, dass es gut ist und bezahlbar. Beides trifft im Gasthof Huber zu. Der Chef kalkuliert so, „dass Essen nicht zum Luxus wird" und die Leute immer gerne kommen. Eben so, wie's auch früher war beim Dorfwirt. *Nicole Prestle*

BESONDERHEITEN

Kleine Nachmittagskarte von 14–17.30 Uhr

GASTHOF HUBER

- Bürgerlich, regional, Vegetarisch fünf Gerichte: Camembert, Camembert, Kässpätzle, Gemüseplatte, Blumenkohl-Käse-Medaillon, Brokkoli-Bratling
- Gepflegt, gemütlich
- Hauptgerichte ab 12,90 € für Wiener Schnitzel (Kalb) auch vegetarische Gerichte auf der Karte

- Münchner Straße 9, Steinach (an der Hauptstraße) Tel. 08202/8251, www.landhotel-gasthofhuber.de
- Freitag bis Mittwoch, 6–1 Uhr. Warme Küche täglich 11. 30–21.30 Uhr, Sonntag ab 11 Uhr Reservierung sonntags ratsam, Ruhetag Donnerstag
- Parken direkt im Hof

1914
E·H·M
2000
huber

18
19
18
19
26
27

GASTHOF
Huber

MM

Steinacher Weidelammrücken

mit Kruste von frischen Gartenkräutern auf Bärlauchpüree und Rotweinjus

ZUTATEN FÜR 4 PERSONEN

ROTWEINJUS 200 g Lammknochen und Fleischabschnitte, 200 g Wurzelgemüse, 2 Schalotten, 2 Knoblauchzehen, 100 ml Rotwein, 10 Pfefferkörner, 3 Lorbeerblätter, 1 Prise Zucker, Salz, 1 l Brühe, 2 Thymianzweige, 1 Rosmarinzweig, 40 g Butterschmalz, Tomatenmark
LAMMRÜCKEN ca. 1 kg Lammrücken, Gartenkräuter (z. B. Schnittlauch, Petersilie, Majoran, Oregano, Salbei, Thymian, Rosmarin), mittelscharfen Senf, 2 Knoblauchzehen, 100 g Weißbrotbrösel, etwas Saft einer unbeh. Zitrone, 50 g Butter, 1 Rosmarinzweig, 1 Prise Salz und Pfeffer aus der Mühle, Butterschmalz
BÄRLAUCHPÜREE ca. 1 kg Kartoffeln (festkochend), etwas Milch, 1 Handvoll Bärlauch

ZUBEREITUNGSZEIT

ca. 2,5 Stunden

1 Für die Rotweinjus die Lammknochen und Fleischabschnitte mit Butterschmalz rundum braun rösten, das dabei entstandene Fett durch ein Sieb gießen. Klein geschnittenes Wurzelgemüse, Schalotten, Knoblauch und Pfefferkörner dazugeben und anbraten. Tomatenmark zugeben und anschließend mit Rotwein ablöschen und einkochen. Das Ganze mit Brühe auffüllen und ca. 2 Std. köcheln lassen. Durch ein Sieb seihen und zur gewünschten Konsistenz einkochen lassen. Rosmarin und Thymian zugeben und ca. 10 Min. ziehen lassen. Mit Salz, Pfeffer und Rotwein abschmecken.

2 Frische Gartenkräuter und Knoblauch fein hacken. Alles mit Weißbrotbrösel, Senf, Zitronensaft und flüssiger Butter mischen.

3 Den Lammrücken trocken tupfen, mit Salz, Pfeffer würzen und in einer Bratreine mit Knoblauch und Rosmarin in Butterschmalz rundum anbraten. Nun im Backofen ca. 10 Min. bei 120° C garen (ca. 54 Grad Kerntemperatur). Nun ca. 5 Min. abgedeckt ruhen lassen. Danach die Kräuterkrustenmasse auf den Lammrücken auftragen und mit Oberhitze hellbraun überkrusten.

4 Für das Bärlauchpüree die Kartoffeln schälen, in kleine Stücke schneiden und in Salzwasser ca. 20 Min. weich kochen. Das Wasser abschütten und die Kartoffeln durch eine Presse drücken. Nun mit etwas warmer Milch mit einem Schneebesen zu einem glatten Püree rühren. Mit Salz, Pfeffer und Muskat abschmecken und etwas flüssiger Butter verfeinern. Nun das Püree mit grob gehacktem und etwas fein gemörsertem Bärlauch je nach Geschmack vollenden.

KLEINER TIPP

Mit einem Kerntemperaturfühler können Sie den Lammrücken noch punktgenauer braten.

Gastronomen seit Generationen

Die Chefs des Il Gabbiano in Augsburg haben schon im Lokal der Eltern gearbeitet. Sie setzen auf familiäres Flair.

Der Name – italienisch. Die Besitzer – kroatisch. Die Atmosphäre – familiär. Eigentlich ist damit schon vieles gesagt über dieses Lokal in der Augsburger Altstadt. Ach so: Dass es fast immer gut besucht ist, egal, ob man nun mittags oder abends vorbeiläuft, ist auch noch interessant. Spätestens nach dieser Beobachtung nämlich fragt man sich, welche Leute das sind, die da am Predigerberg ihren Kaffee trinken, ihre Spaghetti essen, ihre Mittagspausen verbringen. Matijas Knezovic beantwortet diese Frage kurz und knapp: „Vieles sind Stammgäste." Kein Wunder, immerhin gibt es das „Il Gabbiano" seit Mitte der 1990er. Anfangs war es eine klassische Café-Bar mit Mittagstisch. Heute kommen die Gäste auch zum „Erst-mal-abschalten"-Drink nach Büroschluss oder zum Abendessen mit Freunden. Knezovic ist Bauzeichner – ein Job, den er okay fand, aber irgendwann langweilig. Deshalb steht er heute mit seinem Schwager Ivan Babic und mit Gustavo, einem Argentinier, am Herd des „Il Gabbiano". Gelernt hat er dieses Metier über viele Jahre hinweg: „Anfangs hatten wir einen italienischen Koch. Ich habe gespült und ihm zugeschaut." Eines hat Knezovic dabei schnell verstanden: „Kochen", sagt er, „ist Liebe." Nur wer das weiß, sei auch ein guter Gastronom.

BESONDERHEITEN

Wechselnde Tageskarte, großes Frühstücksangebot werktags bis 13 Uhr, am Wochenende und an Feiertagen bis 14 Uhr

Das „Il Gabbiano" – übersetzt bedeutet es „Die Möwe" – ist ein Familienbetrieb: Es gehört Knezovics Schwester Anita Babic. Was es heißt, ein eigenes Lokal zu betreiben, haben beide früh gelernt: Onkel und Vater, die aus Kroatien nach Deutschland kamen, betrieben zunächst ein Lokal am Königsplatz, danach gehörte den Eltern das „Dalmacija" in Pfersee. Als die Kinder in ihre Fußstapfen traten, waren Mutter und Vater nicht begeistert. „Erst als sie sahen, dass das Lokal läuft, hat sie das beruhigt", sagt Knezovic. Die Internationalität des Teams spiegelt sich in der Speisekarte wider: Pizza und Pasta stehen immer auf der Karte, donnerstags gibt es oft Cevapcici. „Mediterran" würde Knezovic das Angebot beschreiben – mit modernem Einschlag. So gibt es das „Vitello Tonnato" hier schon mal als Pizzabelag und die Spaghetti Carbonara mit Spargel obendrauf.

Was die Gäste mögen, wissen Knezovic und seine Schwester in vielen Fällen auswendig. Man kennt sich, was hier nicht nur für Wirt und Gäste gilt, sondern auch für die Besucher untereinander. Man kommt eben auch schnell ins Gespräch in diesem Restaurant – weil die Tische nahe beieinander stehen, aber auch, weil das lockere Ambiente einem Austausch förderlich ist. Wer trotzdem mal etwas anderes sehen möchte, ohne weit abzuschweifen, geht gleich nebenan in die Berghütte. Auch sie gehört Knezovic und seiner Schwester… *Nicole Prestle*

IL GABBIANO

- Mediterran
- Ungezwungen, familiär
- Mittags Pasta und Pizza ab 6,20 €, Tagesgerichte ab 7,50 €

- Predigerberg 20, 86150 Augsburg
  Tel. 0821/519404, www.il-gabbiano.de
- Montag bis Mittwoch 8–22 Uhr, Donnerstag 8–24 Uhr, Samstag 9–24 Uhr, Sonntag 9–22 Uhr, Reservierungen abends und am Wochenende empfohlen, kein Ruhetag
- Parkplätze vor der Tür (mit Parkuhr)

FORNI PAVESI

Risotto Scampi + Spargel € 13,80
Kartoffel- Spargelsuppe € 5,80
Vitello Tonnato € 13,80
Pollo alla Griglia € 12,80
Kalbskotelette Pizzaiolo € 18,80
ca. 300 g Entrecote € 19,80
Ragù alla Osso Buco € 16,80
Pasta: - Carbonara Bosco Nero € 11,80
- Spargel Grün-Weiß € 12,50

MM

Oktopus-Salat Korkyra

(Velanuka)

ZUTATEN FÜR 3 – 4 PERSONEN

1,2 – 1,5 kg Oktopus (küchenfertig), 1 mittelgroße Zwiebel, 1 – 2 Gewürznelken, 1 TL Pfefferkörner, 5 – 6 Kirschtomaten, 1 Frühlingszwiebel, Oliven, 3 EL Weinessig, 3 EL Olivenöl, Saft einer halben unbeh. Zitrone, 1 Knoblauchzehe, Meersalz, Pfeffer

ZUBEREITUNGSZEIT

ca. 1,5 Stunden

1 Den Oktopus am Stück, zusammen mit einer geviertelten Zwiebel, den Pfefferkörnern und den Gewürznelken in einen großen Topf mit siedendem Wasser geben und 90 Min. kochen. Den Oktopus aus dem Wasser nehmen und abkühlen lassen.

2 In der Zwischenzeit die Kirschtomaten halbieren, die Frühlingszwiebel putzen und in feine Ringe schneiden.

3 Für das Dressing den Saft einer halben Zitrone zusammen mit einer Prise Meersalz, einer Prise Pfeffer, Olivenöl, Weinessig, grob gehackter Petersilie und der fein gehackten Knoblauchzehe in eine Schüssel geben und vermengen. Kurz durchziehen lassen.

4 Die Fangarme des abgekühlten Oktopus abtrennen und in ca. ½ cm große Scheiben schneiden und auf einem Teller, zusammen mit den Tomaten, Oliven und den Frühlingszwiebeln anrichten. Zum Schluss mit dem Dressing übergießen.

5 Dazu passt frisches Weißbrot!

KLEINER TIPP

Den Oktopus beim Fischhändler am besten schon küchenfertig (ohne Haut und Kauwerkzeug) kaufen.

Die Mittagsfamilie

Das kleine vegetarische Lokal K 41 betreibt
ein Philosoph, der seine Gäste glücklich machen will.

Lienus Nguyen hat eine Wohnung in Augsburg gesucht – und ein Lokal gefunden. Oder besser: gewonnen? Lienus Nguyen hat Philosophie studiert – und kocht jetzt wie seine Oma in Südvietnam. Und er ist glücklich! Es ist ein besonderes Lokal, dieses K 41 in der Konrad-Adenauer-Allee 41.

Es begann just mit jener Wohnungssuche, die im ersten Stock zum Erfolg führte. Als drunter das kleine Café leer stand, war Nguyen mit dabei, als das „K 41 – Lecker essen" (so der ganze Titel) mit vegan/vegetarischer Küche entstand. Heute betreibt er es allein. „Es war nicht meine Absicht, es zum Hauptberuf zu machen. Aber es ist gut so", sagt der Mann, der sein Philosophie-Studium in München abschloss, sich mit dem Buddhismus beschäftigt und der aus der Uni Augsburg initiierten Gesellschaft für transkulturelles Verstehen das K 41 als Stammtisch zur Verfügung stellt.

BESONDERHEITEN

Gerichte wechseln täglich, keine Speisekarte, veganes Mittagsmenü, Tische vor dem Haus

So ist Nguyen heute Chef, Einkäufer, Koch und Kellner in einer Person. Er kocht nicht nach Kochbüchern, es gibt keine Speisekarte, er begrüßt die meisten seiner Gäste mit Namen. „Es ist wie bei einer Großfamilie", beschreibt der Vietnamese sein Konzept: Mittags kommen die Gäste zum Essen wie (früher) die Schüler heim zur Mama. Es wird frisch gekocht, es wird das gekocht, was die Saison gerade hergibt, was im Angebot war oder Gäste aus dem Garten mitgebracht haben, dann geht jeder wieder seiner Wege. Und Nguyen bleibt entspannt: „Wenn etwas aus ist, ist es aus. Und wenn das Lokal voll ist, dauert's eben etwas länger." Dafür bietet er für seine „Gästefamilie" auch Besonderes: Wer noch was Warmes zu Essen will, sich aber verspätet, ruft mal kurz an. Wie zu Hause eben. Zwei Gerichte kommen besonders gut an. Die kommen auch immer wieder auf die Tageskarte für die „Freunde des leckeren Essens und der gesunden Ernährung". Deshalb achtet der Chefkoch genau darauf, dass die drei Nährstoff-Komponenten Eiweiße, Vitamine und Ballaststoffe stets richtig kombiniert werden. Das Ziel lautet „Essen macht glücklich" und so serviert der belesen-beredte Vietnamese, der als Zehnjähriger nach Deutschland kam, gut gelaunt seine „Glückstellermenüs".

Damit nicht genug der Besonderheiten. Nguyen hat aus der Bekanntschaft mit einem Leistungssportler Powerküchle entwickelt: Bratlinge mit dem Chiasamen der Tarahumara. Das mexikanische Volk schätzt seit Jahrtausenden die Kraft der Körner. Schon die Langstreckenläufer der Azteken sollen sie benutzt haben. Jetzt können die Augsburger davon profitieren. Dazu passt wohl auch, dass Alkohol im K 41 nicht ausgeschenkt wird... Dafür gibt's im Internet quasi als Nahrungsergänzung „Speisekarten-Geschichten": Gedanken über Glück, Gott und die Welt. *Markus Schwer*

K 41

- Ayurvedisch-südvietnamesisch
- Kleines einfaches Lokal mit der Küche im Gastraum
- € Glücksmenü mittags 7,– €, abends 8,– €.
  Beispiel: Rote-Beete-Karottensuppe, Kürbis-Süßkartoffel-Eintopf, Zucchini und Champions in Chiliöl, Currygemüse mit Ananas, Birnencreme

- Konrad-Adenauer-Allee 41, 86150 Augsburg
  Tel. 0176/99540223, www.k41-lecker-essen.de
- Mo. bis Fr. 11–15 Uhr, Di. bis Fr. 18–21.30 Uhr, Ruhetage Samstag und Sonntag
- P Parken schwierig
- H Theodor-Heuss-Platz

K41
LECKER ESSE

WYS

Tempeh

in Chiliöl gebraten

ZUTATEN FÜR 2 PERSONEN

250 g Tempeh (Sojaprodukt), 1 TL Korianderpulver, 4 EL Chiliöl, 2 TL Salz, 2–3 Blätter Chinakohl, 1 Karotte, etwas Brokkoli, etwas Blumenkohl, ½ Stange Lauch, 250 ml Kokosmilch, ¾ TL Salz, Kurkuma, milder indischer Curry, Korianderpulver, Chilipulver

ZUBEREITUNGSZEIT

ca. 20 Minuten

1 Tempeh in dünne Scheiben schneiden. Korianderpulver, Chiliöl sowie Salz dazugeben und gut durchmischen.

2 Das Gemüse putzen, waschen und in mundgerechte Stücke teilen. Anschließend zusammen mit der Kokosmilch in einen Topf geben. Nach Belieben mit Kurkuma, Curry, Korianderpulver und Chilipulver würzen.

3 Bei mittlerer Hitze das Gemüse in der Kokosmilch bissfest garen. Die Kokosmilch dient als Geschmacksträger.

4 In der Zwischenzeit das gewürzte Tempeh in einen Wok oder eine Pfanne geben und bei mittlerer Hitze braten. Immer und immer wieder wenden bis das Tempeh eine goldbraune Farbe annimmt.

5 Neben dem Currygemüse, empfehlen wir als Beilage Basmatireis.

Schlagerparty und Schweinshax'n

Silke Koch aus Schwerin hat am Königsbrunner Stadtrand ein altes Wirtshaus zu neuem Leben erweckt.

Dunkle Holztische, rotweißkarierte Tischdecken. Vasen mit Rosen, rot und weiß. Landhausvorhänge, rot-weißkariert. Alles deutet im ersten Moment auf ein rustikales Landgasthaus hin. Das ist nicht falsch, aber nur die halbe Wahrheit. Schon der Name verrät, dass es sich hier im Königsbrunner Süden um mehr als ein Traditionslokal handelt: „Kochi's – Das Wirtshaus". Denn so eindeutig ländlich durchgestylt ist das Haus beileibe nicht. Vielmehr entfaltet sich beim zweiten Hinsehen ein raffinierter Stilmix – Faserspanplatten als Bodendiele, specksteinartige geschliffene „Geländer" auf dem Weg zu den Toiletten, an den Wänden hier ein Holzrelief mit dem US-Eagle, da eingemauerte Felsbrocken. In der Ecke steht eine alte Anrichte nebst Kinderspielekiste und auf den Simsen der Kachelöfen stehen Wimpel der Eisstockschützen und Kick'n Tip Linedancer. Untrügliche Zeichen, dass hier das Stadtleben lebendig ist. In der Tat: Wenn Ruhetag ist, werden die Tische beiseitegeschoben, damit die Tänzer trainieren können...

BESONDERHEITEN

Regelmäßig Spareribs- und Grilltage sowie Schlagerabende, Jazz und Blues

Also ist „Kochi's" doch so was wie ein „Unmögliches Wirtshaus" – wie es zuerst hieß, nachdem Silke Koch die heruntergekommene Immobilie 2010 zu neuem Leben erweckt hat. In Schwerin aufgewachsen und schon als Kind „Kochi" gerufen, machte die heutige Mittvierzigerin erst ihren Betriebswirt für Hotellerie und Gastronomie, dann als alleinerziehende Mutter einen Abstecher in die Versicherungsbranche und kam nach Augsburg. Eine Freundin animierte sie zu neuen Taten: „Mach', was du immer wolltest: ein eigenes Lokal." Anfangs zögerte sie und ihr Lebensgefährte Enrico Beutler („Wir sind ja keine Bayern. Und ich kannte keine Kässpatzen."), dann wagte sie es doch, das Anwesen mit dem schattigen Biergarten zu einer bayerisch-schwäbischen (Ausflugs-) Wirtschaft aufzumöbeln – zeitweilige kulinarische Ausflüge in ihre mecklenburgische Heimat nicht ausgeschlossen. So gibt es draußen mehr die kräftige Kost und Brotzeiten – und leckeren Kaiserschmarrn! Und wenn's draußen kühler wird, kommt drinnen eine anspruchsvollere Menükarte dazu, seit das Duo Koch/Beutler mit dem Koch-Ehepaar Wirnitzer das Haus als „Zwei-Familien-Betrieb" voranbringt. Auch dafür gab es einen besonderen Anlass: Im Frühjahr 2013 war Sternekoch Frank Rosin mit seiner Berliner TV-Firma (Sendung „Rosins Restaurants") zu Gast und brachte jede Menge Tipps mit, damit im „Kochi's" die Aufbruchstimmung anhält. Neben freitäglichen Spareribs sind 14-tägig samstags Spanferkel, Hendl und Hax'n, sonntags Brunch angesagt. Und nach dem vielversprechenden Auftakt mit Schlagerpartys gibt es nun auch Jazz-, Blues und Rock'n'Roll Events.

Kochi's Motto: „Man muss sich ständig neu erfinden, damit es auch nicht langweilig wird." *Markus Schwer*

KOCHI'S WIRTSHAUS

- Bayerisch-schwäbisch
- (Ausflugs-)Gaststätte am Stadtrand im Grünen
- € Schweinebraten mit Knödel 9,80 €, Schnitzel mit Pommes frites 7,80 €, Pfeffersteak mit Ofenkartoffel 11,60 €, Bayerisches Brotzeitbrett 8,60 €

- Aumühlstraße 33, 86343 Königsbrunn Tel. 08231/958876, www.kochis-wirtshaus.de
- Montag bis Mittwoch, Freitag bis Sonntag ab 11.30 Uhr, Donnerstag Ruhetag
- P Problemlos
- Ja

MM

Schwabentopf

ZUTATEN FÜR 4 PERSONEN

SCHWEINEFILET 800 g Schweinefilet
SPÄTZLE 200 g Mehl, ½ TL Salz, 3 große Eier, 40 ml Wasser
SCHWAMMERLSOSSE 500 g Schwammerl, 150 g Butter, 150 g Zwiebeln, 4 TL Mehl, ¼ l Weißwein, 400 ml Gemüsebrühe, 100 ml Sahne, Zucker, Salz und Pfeffer

ZUBEREITUNGSZEIT
ca. 45 Minuten

1 Alle Zutaten für die Spätzle zu einem glatten, festen Teig verrühren, bis er Blasen wirft. Achten Sie darauf, dass sich keine Klumpen bilden. Dann den Teig mit einem Spätzlehobel in kochendes Salzwasser geben. Die Spätzle sind fertig, wenn sie oben schwimmen. Mit einer Schöpfkelle werden sie nun aus dem Wasser geholt.

2 Die Zwiebel würfeln und zusammen mit den Schwammerln in der Butter anschwitzen und mit Mehl bestäuben. Jetzt mit dem Weißwein ablöschen und die Gemüsebrühe dazugeben. Mit Salz und Zucker abschmecken und zwei Minuten köcheln lassen. Zum Schluss noch die Sahne unterrühren.

3 Das Filet in gleichgroße Medaillons schneiden, mit Salz und Pfeffer würzen und in der Pfanne kurz anbraten. Anschließend im vorgeheizten Backofen bei 160° C für 5–10 Min. nachziehen lassen.

4 Die Spätzle zusammen mit der Schwammerlsoße in einem vorgewärmten tiefen Teller anrichten. Das Filet auf die Spätzle legen.

Gegenbewegung zu Fast Food

Im Kuckuck in Pfersee werden Slow Food und sein Herkunftsland Italien zelebriert.

In der gemütlichen Gaststätte mitten in einem Wohngebiet geht es tierisch zu: Der Kuckuck prangt nicht nur auf einem Gemälde im Vorraum, sondern hat der Osteria im Augsburger Stadtteil Pfersee auch den Namen gegeben – und das bereits vor 100 Jahren. Drinnen (und draußen im Biergarten) sind laut Geschäftsführer Martin Koltermann Hunde ausdrücklich willkommen. Wenn sich die Gäste dann auch noch „zur Schnecke machen" lassen wollen, bitte schön. Der „Kuckuck" hat sich der internationalen Bewegung Slow Food verschrieben, deren Symbol die Schnecke ist. Der Begriff „langsames Essen" bedeutet aber nicht, dass die Gäste in dem 100-Plätze-Lokal besonders lange warten müssen, auch wenn sie an stark frequentierten Tagen etwas Geduld mitbringen sollten. Slow Food heißt vielmehr, dass alles der Jahreszeit entsprechend frisch gekocht wird. Fertigprodukte sind auf den Tellern ebenso tabu wie der Dampfgarer in der Küche. Dass die Bewegung ihren Ursprung in Italien hat, zeigt sich auf der Speisekarte: „Wir kochen Italienisch von Nord bis Süd", sagt Koltermann und ergänzt, dass es sich hierbei nicht um italienische Küche für Deutsche handle. Das heißt: Eine Pizza Hawaii bekommt man im „Kuckuck" ebenso wenig wie eine Bolognese mit Sahne. Dafür aber einen in Lambrusco geschmorten Rinderbraten mit der „besten Soße in Schwaben", wie der Chef stolz behauptet. Über die elfstündige Köchelzeit am Herd wacht Küchenchefin Maria Mihailescu, die gelernte Hauswirtschafterin ist. Ihr gehen ein Lehrling und Aushilfskräfte zu Hand. „Wir legen keinen Wert auf Titel, sondern auf Interesse", sagt Koltermann. Die Gerichte, die auf einer Monats- und einer Tageskarte stehen, sprechen ein bunt gemischtes Publikum an. Stammgäste – „vom Punk bis zum Professor" – ließen sich die Gerichte ebenso schmecken wie Paare oder Frauengruppen. Dass neben Fisch und Fleisch auch zahlreiche vegetarische Gerichte serviert werden, komme bei letzteren sehr gut an, vermutet der Wirt und empfiehlt generell, vorab einen Tisch zu reservieren. Der gebürtige Freiburger Koltermann übernahm 2009 von Barbara Walter die Traditionsgaststätte, die es seit 100 Jahren gibt. Die Sitzbänke im Gastraum sind noch original. Die beiden Zimmer sind mit vielen Details ausgestattet, ohne kitschig zu wirken. Italienische Musik von Pavarotti bis Ramazzotti untermalt dezent das Essen. Wenn alle Plätze im „Kuckuck" besetzt sind, wird es schon einmal lauter. Eben wie in einer echten italienischen Osteria. Oder wie es Martin Koltermann formuliert: „Wir wollen das Gegenteil von Lounge sein."

Andrea Baumann

BESONDERHEITEN

Augsburgs erstes Restaurantmitglied im weltweiten Slowfood-Verband

KUCKUCK

- Italienisch-mediterran
- Gemütliche Osteria in einem Wohnviertel mit Biergarten
- € Crostini 5,50 €, Nudeln mit karamelisiertem Radicchio, Gorgonzolasauce und Rotweinbirne 14,50 €, Variation aus dem Meer 24,90 €, Zwetschgentiramisu 6,90 €

- Uhlandstraße 35, 86157 Augsburg-Pfersee Tel. 0821/544682, www.osteria-kuckuck.de
- Dienstag bis Samstag von 18 bis 1 Uhr Sonntag und Montag Ruhetag, Betriebsurlaub vom 14. bis 21. Oktober
- P Mitunter problematisch
- H Hans-Adlhoch-Schule

Lugana
0,75 € 24,50
0,2 € 6,90
0,1 € 3,60
Tageswein

siete nel mondo
del
gallo nero

CHIANTI CLASSICO

1945

WYS

Brasato

Rinderbraten in Lambrusco geschmort

ZUTATEN FÜR 4 PERSONEN

1 kg Rinderbraten (Oberschale), 2 Knoblauchzehen, Salz, Pfeffer, 1 Karotte,
2 Stangen Sellerie, 2 Zwiebeln, 2 EL Olivenöl,
2 EL Butter, 1 Lorbeerblatt, 1 kleiner Thymianzweig, 1 Gewürznelke, 300 ml Lambrusco,
500 g Tomaten, 300 ml Fleischbrühe, 3 EL gehackte Petersilie

ZUBEREITUNGSZEIT

ca. 2 Stunden

1 Das Fleisch abwaschen und trocken tupfen. Den Knoblauch in Scheiben schneiden und das Fleisch damit spicken, anschließend mit Salz und Pfeffer würzen.

2 Die Karotten, Sellerie und Zwiebeln in kleine Würfel schneiden. Öl und Butter in einem Schmortopf erhitzen und das Fleisch darin von allen Seiten scharf anbraten. Nun das Gemüse zugeben und kurz mit anschwitzen.

3 Das Lorbeerblatt, den Thymianzweig und die Gewürznelke hinzugeben. Das Ganze mit Rotwein ablöschen und auf niedriger Stufe etwas einköcheln lassen.

4 Die Tomaten häuten, vierteln und entkernen, danach grob würfeln und zusammen mit etwas Brühe zum Fleisch geben. Anschließend kurz aufkochen lassen und zugedeckt bei kleiner Hitze mindestens 2 Stunden schmoren lassen. Währenddessen den Braten von Zeit zu Zeit mit Schmorflüssigkeit übergießen und nach und nach die restliche Brühe zugeben.

5 Nach ca. 2 Stunden den fertigen Braten aus dem Schmortopf nehmen. Die Soße durch ein feines Sieb streichen, nochmals aufkochen lassen und mit Salz und Pfeffer abschmecken.

6 Den Brasato in feine Scheiben geschnitten auf einer warmen Servierplatte anrichten, mit der heißen Lambrusco-Soße übergießen und zusätzlich mit der frischen, grob gehackten Petersilie bestreuen.

KLEINER TIPP

Besonders gut passt zum „Brasato" ein hausgemachtes Kartoffelpüree und Gemüse der Saison.

Wirte aus Leidenschaft

Mit der Kussmühle in Friedberg ist für Angelika Indich und ihr Team ein Traum in Erfüllung gegangen.

Mit gut-bürgerlicher Küche ist das so eine Sache. „Da gehen die meisten doch von Kässpatzen und Schweinebraten aus", sagt Angelika Indich. Die Chefin der „Kussmühle" in Friedberg aber hat da eine andere Vorstellung. Gut-bürgerlich, das heißt für sie: natürliche, deutsche Küche „ohne Packerlsoße" oder andere Fertigzutaten.
Das hält sie so – unabhängig von Debatten um Pferdefleisch-Lasagne und andere Lebensmittel-Skandale – seit einer kleinen Ewigkeit: Seit 25 Jahren ist die Frau, die nie Wirtin werden wollte, genau das: Wirtin. Vielleicht, weil das schon ihre Eltern waren, die einst die Zoogaststätte betrieben. Eher aber, weil ihr dieser Beruf halt so am Herzen liegt. 13 Jahre lang hatte Indich das Sagen in den Augsburger Zeughausstuben, 2001 ging sie nach Friedberg und kaufte mit ihrem Sohn Manfred die ehemalige Mühle, in der noch bis 1953 Mehl gemahlen wurde. Das „Kuss" im Namen übrigens stammt noch vom letzten Müllermeister Heinrich Kuss.
Drinnen, im Restaurant, lebt Angelika Indich ihre Vorstellungen von einer „g'scheiten Gastronomie" aus. Das beginnt beim Personal („bei uns tragen alle Tracht") und endet bei der Dekoration („ich sammel halt so gern"): An einem Ende des Gastraums stehen alte Bettpfannen, am anderen Kaffeemühlen, Butterfässer, Schmalztöpfe. „Ich hab's damit ja nicht so, aber den Gästen gefällt's", sagt Juniorchef Manfred Indich. Deshalb kommt auch er gut mit der Einrichtung klar. Überhaupt: Sämtliche Entscheidungen werden in der „Kussmühle" im Team getroffen. Vor allem natürlich die zur Speisekarte. In diesem Fall heißt die „Mühlenblatt". Wie eine kleine Zeitung liegt sie auf den Tischen aus. „Weil auch Rezepte drinstehen, nehmen die Leut' sie gerne mit", sagt Angelika Indich. Genau das ist auch gewünscht so.
Ganze Abende lang, sagt Indich, sitzt sie manchmal mit ihrem Sohn, mit Küchenchef Alexander Wangner und mit „Herrn Lutz", dem Restaurantchef, an einem Tisch. Dann wird diskutiert über Hauptspeisen und Beilagen, über Lieferanten und Angebote, ja, über alles, was eben geklärt werden muss in einem Gastronomie-Betrieb. „Und wenn nicht alle hinter einer Idee stehen, dann setzen wir sie gar nicht erst um."
Sehr angetan sind Team wie Gäste übrigens vom neuesten Clou des Küchenchefs, der „klein & fein"-Karte. Eine ganze Reihe von Vor-, Haupt- und Nachspeisen gibt's da in Mini-Portionen. Der Besucher kann sich also durch die ganze Karte probieren. Und wer's im herkömmlichen Sinn gut-bürgerlich mag: Kässpatzen und Schweinebraten gibt's schon auch.

Nicole Prestle

BESONDERHEITEN

Speisekarte „klein & fein" mit verschiedenen Vor-, Haupt- und Nachspeisen als Probierportionen, Trennkost und vegetarische Gerichte, die über Kässpatzen hinausgehenv

KUSSMÜHLE

- Gut-bürgerlich
- Modern-rustikal
- € Hauptspeisen ab 7,50 €, Wiener Schnitzel (vom Kalb) mit Röstkartoffeln und Preiselbeeren für 18,30 €

- Pappelweg 14, 86316 Friedberg
  Tel. 0821/2678510, www.restaurant-kussmuehle.de
- Montag bis Samstag 11 – 24 Uhr,
  Sonntag 10 – 24 Uhr
  Reservierung empfohlen, kein Ruhetag
- P Im Hof

Neu
klein & fein

Restaurant
Kussmühle

MM

Alt Friedberger Dunkelbierbraten

mit Krautspätzle

ZUTATEN FÜR 4 PERSONEN

BIERSPECKSOSSE 150 g Speckwürfel, 300 g Schälrippchen, 2 Zwiebeln, 1 Karotte, 1 Stange Lauch, 1 Knoblauchzehe, 500 ml Dunkelbier, 500 ml Bratensaft, Salz, Pfeffer, Kümmel, Majoran
KRAUTSPÄTZLE 400 g Wiener Grießlermehl, 6 Eier, Salz, 250–300 g gekochtes, gut ausgedrücktes Sauerkraut, 100-150 g Speckwürfel (nach Geschmack),
BRATEN 600 g Schweinebauch, Salz, Pfeffer, Röstzwiebeln, Petersilie

ZUBEREITUNGSZEIT
ca. 2–2,5 Stunden

1 Speckwürfel rösten. Zwiebeln abziehen und in Scheiben schneiden; Lauch und Karotte waschen, putzen und in Streifen schneiden. Das Gemüse zum Speck geben, ca. 30 Minuten rösten, dann mit Dunkelbier aufgießen und aufkochen lassen. Bratensaft hinzufügen und 30 Minuten kochen lassen. Mit Salz, Pfeffer, Kümmel und Majoran abschmecken. Mit Salz sparsam umgehen, da der Speck meist bereits gut gesalzen ist.

2 Für die Spätzle die Eier und das Salz verquirlen, dann Mehl darunterarbeiten und einen glatten Teig herstellen. In kochendes Wasser hobeln, aufkochen lassen und in kaltem Wasser abschrecken.

3 Speck rösten, Spätzle und Kraut dazugeben bis die Spätzle eine leichte Scharre haben.

4 Schweinebauch waschen und trocken tupfen, 30 Min. dämpfen, dann die Schwarte einschneiden, mit Salz und Pfeffer würzen und 60 Minuten bei 170° C und anschließend 10 Minuten bei 210° C braten, um eine knusprige Schwarte zu erhalten.

5 Den Schweinebauch auf einer Platte oder einem Teller anrichten, die Krautspätzle anlegen und mit Röstzwiebeln und Petersilie garnieren. Die Bierspecksoße über den Schweinebauch geben.

KLEINER TIPP

Krautspätzle schmecken auch ohne Fleisch, mit gerösteten Zwiebeln und Blattsalat.

Italienisches Trio

Das La Commedia gibt es gleich dreimal in und um Augsburg und lockt seine Gäste ins Paradies des Dante Alighieri.

Wer von seinem Salmone al Carciofi oder seiner Pennette al Tacchino aufblickt und den Blick genießerisch nach oben schweifen lässt, der könnte für einen Moment erschrecken. Es könnte passieren, dass er mitten hineinschaut ins Fegefeuer des Läuterungsberges oder gar in die Hölle. Es könnte aber auch sein, dass sich das Paradies vor seinen Augen öffnet. Es sind Darstellungen der Divina Commedia, der Göttlichen Komödie, die als Deckengemälde das Ambiente des Ristorante La Commedia prägen. Das Hauptwerk des Dichters Dante Alighieri, das in Italien jedes Kind lernt wie hierzulande Schillers Glocke, hat es auch Marco Pellizzari angetan. Vom Opa geerbt, hütet er die Bücher wie einen Schatz. Und mit der literarischen Reise durch die drei Reiche der jenseitigen Welt hat der Mann, der sein Berufsleben als Innenarchitekt für Gastronomiebetriebe begann, seine jetzt drei Commedia-Lokale in Augsburg, Königsbrunn und Gersthofen gestaltet. Der Mittvierziger leitet sie mit seiner Frau Luana, einer Augsburgerin. Und er betreibt sie mit drei Geschäftsführern, Chefkoch und einem 35-köpfigen Team, vorwiegend Landsleute aus Italien – wie könnte es anders sein in der italienischsten Stadt nördlich der Alpen...

BESONDERHEITEN

Saisonale Wochenkarte

„Bei uns sind die Schüler, die ein paar Spaghetti essen, genauso willkommen wie der Geschäftsmann, der ein teures Filet und eine Flasche Barolo bestellt", fasst Pellizzari sein gastronomisches Credo zusammen. Die Lokale liegen alle drei in belebten Quartieren – in Augsburg in der Nachbarschaft von Polizei, Anna-Gymnasium, Alter Uni und Geschäften, in Königsbrunn im Einkaufsgebiet und in Gersthofen im City-Center samt Terrasse über dem Rathausplatz. Sie bieten viel Platz, die Preise sind günstig – nicht zuletzt durch den zentralen Einkauf vielfach bei italienischen Direktvermarktern oder die zentrale Teig- und Eisproduktion für alle drei Lokale. „Wir wollen die Gäste mit einem herzlichen Lächeln begrüßen. Und wir wollen, dass sie nach dem Essen glücklich gehen." Und wiederkommen. Und das Commedia via Mund-zu-Mund-Propaganda weiter empfehlen, denn das sei die beste Werbung. Ansonsten hält sich der Geschäftsmann mit Werbung eher zurück.
Lediglich im Curt-Frenzel-Stadion ist Pellizzari inzwischen als Sponsor für die Panther im Einsatz. Auch das ist kein Zufall: Neben seiner Frau und den beiden Kindern und der Literatur gehört seine dritte Liebe dem Eishockey. Selbst hat er früher in Bozen gespielt, heute setze er sich gerne für die Nachwuchsförderung ein. Falls ihm dazu noch Zeit bleibt: Morgens ums 7 Uhr beginnt der Commedia-Tag, oft dauert er bis nach Mitternacht. Aber: „Wir arbeiten gerne und viel – und mit Herz." *Markus Schwer*

LA COMMEDIA

- Klassisch-italienisch von Pizza bis Fischgerichte
- Gepflegt-zeitlos
- € Pizza ab 5,– €, Cotolette di agnelo al Barolo 14,50 €, Schnitzel Wiener Art 7,– €

- Gögginger Straße 49, 86159 Augsburg
  Tel. 0821/6609000, www.lacommedia.eu
  Gotenstraße 4, 86343 Königsbrunn
  Tel. 08231/9596270
  Bahnhofstraße 13, 86368 Gersthofen
  Tel. 0821/24276663
- Täglich 10–23.30 Uhr, Reservierung an Wochenenden empfohlen, kein Ruhetag
- P Parkplätze vorhanden
- H Polizeipräsidium

MM

Spaghetti Olmedo

ZUTATEN FÜR 1 – 2 PERSONEN

100 – 150 g Spaghetti, 50 g Meeresfrüchte, 2 Scampi, 2 Knoblauchzehen, 1 EL Olivenöl, 1 Lorbeerblatt, 6 Kirschtomaten, 6 EL Tomatensoße, 1 Eigelb, Salz, Pfeffer, etwas frische Petersilie

ZUBEREITUNGSZEIT

ca. 35 Minuten

1 Zunächst die Spaghetti in einem Topf mit kochendem Salzwasser bissfest kochen.

2 In der Zwischenzeit die Scampi längs einschneiden und den Darm entfernen, anschließend den Schwanz der Scampi entfernen. Jetzt die Scampi mit etwas Olivenöl in einer heißen Pfanne zusammen mit den Meeresfrüchten anbraten.

3 Nun die Kirschtomaten waschen, putzen und vierteln. Anschließend zusammen mit den gehackten Knoblauchzehen, dem Lorbeerblatt und etwas frisch gehackter Petersilie zu den Meeresfrüchten geben und ebenfalls kurz anschwitzen. Die Tomatensoße ebenfalls hinzugeben und das Ganze mit Salz und Pfeffer nach Geschmack würzen.

4 Die fertigen Spaghetti aus dem Wasser nehmen und in der Pfanne erhitzen und in der Soße schwenken, damit die Nudeln diese aufnehmen.

5 Nun den fertigen Pizzateig dünn ausrollen, in zwei Hälften teilen und mit der ersten Hälfte ein runde feuerfeste Schale auskleiden. Die fertigen Spaghetti aus der Pfanne in die Form geben. Die zweite Teighälfte nun als „Deckel" verwenden. Die beiden Teighälften an den Rändern mit etwas Eigelb einpinseln und diese zum Schluss mit einer Gabel fest andrücken.

6 Die Schale nun bei 190° C im Backofen ca. 5 – 6 Min. backen bis der Teig eine leicht hellbraune Farbe annimmt. Nun die Spaghetti im Teigmantel servieren.

Nordic Cooking

Wie ein Wirtspaar aus dem Norden einem bayerischen Landgasthaus bei Schwabmünchen zu Auftrieb verhilft.

Ein Fischlokal mitten in Augsburg. Wäre das Leben ein Wunschkonzert, Falko Rosenburg würde sich für solch ein Restaurant entscheiden. „Ich bin nun mal ein Fischkopp", sagt der Mann aus Hannover, lacht und erklärt dann, warum er stattdessen Chef eines Landgasthauses am äußersten Rand von Schwabmünchen ist: „Weil ich nicht bereit bin, 10.000 Euro Miete zu bezahlen und die preiswerteren Lokale eben entweder nicht den guten Ruf oder die gute Lage haben." Bis vor einiger Zeit traf beides auf das Gasthaus in der Schwabmünchner Leuthau zu. Doch seit Rosenburg und seine Frau Monique den Landgasthof übernommen haben, ist nur noch die Lage ungünstig: „Unser Konzept hat so eingeschlagen, dass wir selbst überrascht sind." Bis zu 200 Leute kämen an Sonn- und Feiertagen, viele davon seien schon jetzt Stammgäste. Der gelernte Koch – „ich mache das, seit ich 16 bin" – führt das auf die Verbindung zu den Gästen zurück: Er bringt das Essen oft selbst an den Tisch, „so ist die Rückmeldung persönlicher". Und dann habe jeder irgendwie auch einen Bezug zum Norden: „Der eine war schon mal da, der andere kommt von dort und wohnt seit langem in Schwaben." Da sehne man sich zwischendurch nach der Küche „von oben".

BESONDERHEITEN

Ganzjährig Aktionen mit besonderen Angeboten wie Maischolle (Mai), Matjes (Juni, Juli), Grünkohl mit Pinkl (Oktober, November)
Sonn-/feiertags kleinere Karte als werktags

„Nordic Cooking" also, und im Landgasthaus Leuthau gibt's das in vielen Varianten: Grünkohl mit Pinkel, Sylter Wochen mit viel Fisch, Muscheln... Rosenburg kocht, was im Norden auf die Teller kommt, ohne zu vernachlässigen, was der Bayer mag: „Wir haben einen Biergarten, da muss auch eine Bratensulz auf der Karte sein", sagt der 42-Jährige. Weil er dieses Gericht als Nordlicht nicht kannte, betrieb er mehrmonatige „Sulz-Studien" („an unserem Ruhetag waren wir immer bei der Konkurrenz Probeessen"), bis er es – nach Fehlversuchen – so beherrschte, dass er es den eigenen Gästen servieren konnte.

Viele seiner Kunden trifft Rosenburg beim Einkaufen: beim benachbarten Biobauern, beim Bäcker im nächsten Dorf, beim Metzger 500 Meter weiter. Das stifte Vertrauen in die Zutaten der Landgasthaus-Gerichte. „Keine Soße, kein Süppchen kommt bei uns aus dem Frost", so Rosenburg. Und wenn er, wie bei den Spätzle, doch Fertig-Produkte benutzt, „dann mache ich auch daraus was Besonderes". Solche und andere Zugeständnisse sind der kleinen Küche des Lokals geschuldet und der Tatsache, dass Rosenburg der einzige Koch ist. Deshalb gibt es an gut gebuchten Tagen eine kleinere Karte. „Nur so kann ich die Qualität halten." Beim Gast komme diese Offenheit an, „überhaupt werden wir hier als Typen gut angenommen." Rosenburg freut's, so sehr, dass er sich kaum noch nach dem Fischlokal im Herzen Augsburgs sehnt.

Nicole Prestle

LANDGASTHAUS LEUTHAU

- Schwäbisch, bayerisch
- Modern, gemütlich
- Zwiebelrostbraten 15,80 €, Landhausschnitzel vom Schwein 12,80 €

- Leuthau 5, 86830 Schwabmünchen
  Tel. 08232/9976741, www.landgasthaus-leuthau.com
- Dienstag bis Sonntag von 11 – 14 und ab 17 Uhr
  Reservierung ratsam, Montag Ruhetag
- Parkplätze im Hof

WYS

Hamburger Pannfisch

ZUTATEN FÜR 4 PERSONEN

PANNFISCH Zweierlei Fisch à 200 g (wahlweise Seelachs, Schollenfilet, Dorsch oder Dorade), 80 g Muschelfleisch, 80 g Krabben, 1 Bd. Dill oder glatte Petersilie, 1–2 TL helle Roux (helle Einbrenne), ca. 750 g gekochte Kartoffeln (festkochend), 1 kleine Zwiebel, 200 g Speck

SOSSE 1 EL Senf, 1 EL Dijon Körnersenf, 200 ml Sahne, 200 ml Créme fraîche, 1 Prise Salz, 1 Prise Pfeffer, ½ TL Zucker, 1–2 Gewürzgurken, 1 Tomate

ZUBEREITUNGSZEIT
ca. 45 Minuten

1 Die Gewürzgurke in Streifen schneiden, die Tomate grob würfeln und zusammen mit dem Senf, der Sahne sowie der Créme fraîche in eine Pfanne geben und langsam erhitzen.

2 Die Soße mit Salz, Pfeffer und Zucker würzen und nach Bedarf mit etwas heller Roux abbinden.

3 Das Fischfilet grob würfeln und zusammen mit den Krabben sowie dem Muschelfleisch zur Soße geben.

4 Das Ganze kurz aufkochen lassen. Anschließend den Herd abdrehen und den Pannfisch abgedeckt ca. 5–10 Min. ziehen lassen.

5 In der Zwischenzeit die gekochten Kartoffeln in Scheiben schneiden und in einer großen Pfanne mit etwas Schmalz goldgelb braten. Nun die fein gewürfelte Zwiebel sowie die Speckwürfel über die Kartoffeln geben und nochmals 2- bis 3-mal schwenken.

6 Auf einem großen Teller die Kartoffeln rechts anrichten, den Pannfisch links daneben.

KLEINER TIPP
„Nur Mut, gelingt immer!"

Die 45-Zentimeter-Pizza

L'Osteria in Pfersee lockt auch mit Pasta und Bar.
Und ist ein beliebter Treff für viele junge Leute.

45 Zentimeter – das ist das Maß aller Dinge. 45 cm Durchmesser – das ist das Standardmaß für die Pizza in der L'Osteria. „Wow, wie soll ich denn die schaffen?" – das ist die Standardfrage so einiger Gäste, wenn der Kellner die Steinofenpizza an den Tisch bringt und womöglich noch ein Stück vom knusprigen Teigrand weit über den Teller ragt. Es können schon mal 47 oder 48 Zentimeter sein. Auf jeden Fall: Heißhungrige junge Burschen „packen" die 45-Zentimeter-Pizzen locker. Und für alle anderen gibt es zwei Möglichkeiten: Entweder zu zweit eine Pizza bestellen und teilen. Oder den Rest mit nach Hause nehmen. In beiden Fällen wird man in diesem Lieblingslokal vieler AZ-Leser jedenfalls nicht schief angeschaut... Denn die 45-Zentimeter-Pizza ist ganz bewusst so groß. Sie ist das Markenzeichen. Nicht nur der L'Osteria in Augsburg, sondern aller L'Osterien, von denen es derzeit gut drei Dutzend in Deutschland und Österreich gibt. „Wir wollen größer sein als alle anderen", sagt strategisch-selbstbewusst Philip van Berkel, der das Restaurant auf dem Areal des früheren US-Supply-Centers leitet. Und meint damit sowohl die Pizza als auch seinen Arbeitgeber. Die Augsburger „Filiale" des 1999 in Nürnberg gegründeten Franchise-Unternehmens ist eine besondere: Sie war nicht nur eine der ersten überhaupt, sondern sie ist auch die erste, die nicht in einer Altstadt oder City eröffnet wurde. Und sie ist der erste speziell geplante Neubau einer L'Osteria. Die Räume sind hoch und weit, der Blick in Backstube und Küche ist offen, zentral angeordnet ist die Bar. Viele junge Leute schätzen dieses kommunikative Konzept als beliebten Treff. Wer es ruhiger mag, muss versuchen, einen der wenigeren Plätze in den Ecken zu ergattern. Auch draußen auf der großen, teilüberdachten Terrasse ist viel Platz – und oft viel los. Reservierung ist daher dringend empfohlen, wenn es ab Donnerstag aufs Wochenende zugeht. Kein Wunder, denn Lokalchef van Berkel unterstreicht: „Wir wollen, dass die Leute bei uns nicht nur schnell essen, sondern sich wohlfühlen und auch noch sitzen bleiben." Für den großen Andrang – maximal gibt es über 400 Plätze – sind bis zu acht Köche und Pizzabäcker, acht Kellner und drei Barmänner im Einsatz. Sie sind nicht nur geschult für die bisherige Pizza-und-Pasta-Standardkarte, sondern auch auf die neuen Wochenkarten, auf denen es wechselnd italienische Spezialitäten wie Risotto oder Muscheln, aber auch saisonale Gerichte gibt. Geschult übrigens in Augsburg – denn die L'Osteria in Sichtweite der Bürgermeister-Ackermann-Straße ist „Trainingsstandort Nr. 1", erklärt van Berkel. Deshalb sind die Augsburger Gäste auch die ersten, die die neuen Nachspeisen Schokosoufflé und Limonensorbet kosten, also testen dürfen...

Markus Schwer

BESONDERHEITEN

Franchise-Unternehmen mit über 30 Lokalen in Deutschland und Österreich, Wochenkarten

L'OSTERIA

- Italienisch
- Moderne „Markthalle" mit offener Küche, Pizzaofen und Bar, große Terrasse, barrierefrei
- € Pizza ab 7,00 €, Pasta ab 6,50 €

- Pearl-S.-Buck-Straße 12, 86156 Augsburg-Kriegsh. Tel. 0821/90794636, www.losteria.de
- Montag bis Samstag 11–24 Uhr, Sonn- und Feiertag ab 12 Uhr, Reservierung für abends empfohlen, auch online möglich
- P Parkplätze am Haus
- H Reinölstraße

WYS

Conchiglie Granchi di Fiume

ZUTATEN FÜR 2 PERSONEN

300 g Maccheroni, 40 ml Olivenöl, ½ kleine Zwiebel, 40 g Zucchini, 40 g Karotten, 2 Rosmarinzweige, 120 g Flusskrebse (ohne Flüssigkeit), 360 ml Hummersoße, Salz, Pfeffer, etwas frische Petersilie

ZUBEREITUNGSZEIT

ca. 15 Minuten

1 Für die Maccheroni einen Topf mit Salzwasser zum Kochen bringen und die Maccheroni im Topf kochen bis diese noch etwas Biss haben (al dente).

2 Die Zwiebel fein würfeln, die Karotten und Zucchini in sehr feine Streifen schneiden und zusammen mit Rosmarin in etwas Olivenöl bei mittlerer Hitze anbraten.

3 Die Flusskrebse ebenfalls in die Pfanne geben und 2–3 Min. erhitzen.

4 Anschließend die Hummersoße angießen, mit Salz und Pfeffer würzen und diese einkochen lassen bis die Soße eine flüssig-cremige Konsistenz annimmt. Die gekochten Maccheroni aus dem Topf nehmen und in die Soße einschwenken.

5 Das Gericht in einem schönen Teller anrichten und mit etwas frischer Petersilie bestreuen.

Einfach ungewöhnlich

Das Madame Kim & Monsieur Minh ist eine spannende Mischung aus Vietnam und Bayern mitten in Augsburg.

Keine Drachen. Kein Kitsch. Dafür schöne 20er-Jahre-Wirtshausstühle aus Tübingen, schlichte Tische aus Solingen, einen grünen Kachelofen mit Postbräu-Logo in der Ecke und mit Buntstiften auf Tischdecken malende Gäste – ein vietnamesisches Restaurant sieht normalerweise anders aus. Das Madame Kim & Monsieur Minh ist auch alles andere als gewöhnlich. Es ist eine spannende Mischung aus Bayern und Vietnam – und eine sehr authentische noch dazu. Wenn Cao Minh Hanh mit seiner Mutter Kim spricht, dann ist das auch ein Mix aus Deutsch und Vietnamesisch, ein sprachlicher. Augsburg ist sein Zuhause, hier wuchs er auf und arbeitete jahrelang im legendären Café Eickmanns. In Vietnam liegen seine Wurzeln. Dort wurde er geboren, von dort flüchtete er 1979 mit seinen Eltern als kleiner Junge nach Deutschland. Vietnam lernte er erst später als Besucher kennen. „Es ist ein sehr lukullisches Volk. 80 Prozent dreht sich dort ums Essen", sagt er, der die kulinarischen Vorzüge „seiner" beiden Kulturen kennt, schätzt und sie nun verschmilzt. Bayern und Vietnam – der Mix ist ungewöhnlich und die Gäste mögen ihn. Auf der Speisekarte steht die vietnamesische Pho-Suppe, eine Rinderbrühe mit Nudel-, Fleisch und Gemüseeinlage (lecker!), ebenso wie Schnitzel mit drei verschiedenen Panaden oder asiatische Currys. „Wegen des Duftblätterpuddings kommen manche sogar extra vom Land hierher", erzählt Hanh und freut sich. Sein ungewöhnliches Konzept geht auf.

„Probieren wir's mal", hatten er und seine Mutter gesagt, als sie 2009 das Restaurant Thelott im gleichnamigen Augsburger Viertel eröffneten. Weil in dem Stadtteil ein Tunnel geplant wurde, entschied sich Hanh 2011 für den Umzug in die Räume des ehemaligen Bayerischen Löwen und für einen neuen Namen. Thelott im Stadtjägerviertel wäre ja seltsam. Nun stehen also „Mama" und er über der Tür – sie sind schließlich die Seelen des Ladens.

Seine Mutter kocht die vietnamesischen Gerichte frisch. Hanh stellt die Karte zusammen, sucht Weine aus und übernimmt zusammen mit einem weiteren Koch den deutschen und internationalen Part. Die Küchenphilosophie: „Es muss schmecken." Die Optik ist auch wichtig. Das Essen ist außergewöhnlich angerichtet. Die Tomatenessenz etwa kommt in einem umgestülpten Glas. Im Madame Kim, wie viele Stammgäste es nennen, geht es locker und freundlich zu. Wie Essen bei Freunden. Und wenn viel los ist und es mal ein bisschen dauert, dann ist das eben so. Mehr Zeit zum Malen. Die Buntstifte und die Packpapiertischläufer sind nämlich auch so etwas wie ein buntes Markenzeichen des Madame Kim. *Lea Thies*

BESONDERHEITEN

Es gibt auch vegane Gerichte, wechselnde Wochenkarte, hausgemachter Bellini, Terrasse vor dem Restaurant

MADAME KIM & MONSIEUR MINH

- Vietnamesisch, bayerisch, international
- Minimalistisch chic
- Pho-Suppe ab 6,– €, Currys ab 14,– €, Schnitzel mit drei Panaden und drei Blattsalaten 14,– €, Flasche Wein ab 18,– €

- Sieglindenstraße 26, 86152 Augsburg Tel. 0821/45077877, www.madame-kim.de
- Montag bis Samstag ab 18 Uhr (Küche bis 22.30 Uhr), Sonntag Ruhetag
- Parken vor dem Haus

WYS

Reismehl-Crêpes

mit Hackfleischfüllung oder auch vegan

ZUTATEN FÜR 4 PERSONEN

HACKFLEISCHFÜLLUNG 50 g Mu-Err-Pilze, 1 kl. Zwiebel, 500 g Schweinehack, 1 TL Zucker, Pflanzenöl
VEGANE FÜLLUNG 2 St. frischen Seidentofu, 300 g Champignons, 300 g Shi-Take Pilze (ersatzweise Pfifferlinge), 2 mittelgroße Zwiebeln, Pflanzenöl
FISCHSOSSE 3 EL Fischfond, 3 EL weißen Reisessig, 2 EL Zucker, 2 Knoblauchzehen, 1 Chilischote, 2 EL Limettensaft
TEIG 200 g Reismehl, 200 g Tapiokamehl, 1 l Wasser, (fertige Teigmischungen findet man auch in gut sortierten Asia Läden)
BEILAGEN 100 g frischen Koriander (wahlweise Thai-Basilikum), 250 g Mungobohnensprossen, 1 Salatgurke

ZUBEREITUNGSZEIT

ca. 30 Minuten (+ 1 Stunde Ruhezeit)

1 Aus den beiden Mehlsorten und dem Wasser einen Teig formen und diesen abgedeckt 1 Std. gehen lassen.

2 Die Mu-Err-Pilze ca. 30 Min. in Wasser einweichen, anschließend die harten Stiele entfernen bevor die Pilze in feine Würfel geschnitten werden. Die Zwiebel ebenfalls in feine Würfel schneiden. Die Zwiebeln und Pilze in einer heißen Pfanne mit etwas Pflanzenöl kurz anbraten und danach zur Seite stellen. Nun das Hackfleisch (feinkrümlig) scharf anbraten und die Zwiebel-Pilzmischung hinzugeben. Das Fleisch zur Seite stellen und abkühlen lassen sobald dieses gar ist.

3 Für die vegane Version der Füllung den Tofu, die Zwiebeln sowie die Pilze klein würfeln. Das Ganze in einer heißen Pfanne mit etwas Pflanzenöl anbraten, mit Salz und Pfeffer abschmecken. Nach dem Anbraten zum Abkühlen zur Seite stellen.

4 Nun die Gurke in feine Streifen schneiden (ca. 2–3 mm breit, 4–5 cm lang). Die Kräuter ohne Stiele zusammen mit den gewaschenen Mungosprossen in einer Pfanne glasig andünsten. Das fertige Gemüse mit den Kräutern (als „Bett") auf einem Teller anrichten.

5 Eine mittelgroße beschichtete Pfanne erhitzen und eine Schöpfkelle des Crêpes Teiges hineingeben. Die Pfanne schwenken, damit sich der Teig gleichmäßig verteilt. Jetzt 2–3 Minuten abdecken. Der Teig ist perfekt, wenn er fest, aber nicht braun ist. Der Teig darf nicht gewendet werden. Achtung: Die Pfanne nicht zu heiß werden lassen. Den fertigen Crêpes vorsichtig auf ein Küchenbrett stürzen.

6 Nun 1 EL von der Hackfleisch- bzw. der Tofu-Mischung länglich mittig auf den Crêpes geben. Jetzt alle Seiten einschlagen, sodass eine Teigtasche entsteht. Genauso auch mit dem restlichen Teig sowie der restlichen Füllung verfahren. Den Crêpes im Teller auf dem Gemüsebett anrichten und mit reichlich Fisch- oder Sojasoße übergießen.

KLEINER TIPP

Röstzwiebeln passen wunderbar dazu, ebenso wie kühler Sauvignon Blanc oder Riesling.

Das Geheimnis der Kräuter

Die vietnamesische Küche setzt auf frisches Grün – das Mai Mai in Bobingen tut es auch.

Eines ist Tran Tan Cung ein großes Rätsel: Es gibt viele Vietnamesen in der Region und auch viele, die ein Restaurant betreiben. „Aber die meisten kochen Thailändisch oder Chinesisch." Nicht dass Tran die Küche dieser beiden Länder nicht mag. Vietnamesisch allerdings sei eben anders: „Wir benutzen viel mehr frische Kräuter wie Koriander, Thai-Basilikum oder Minze." Zudem hat der Gast an einer traditionell vietnamesischen Tafel vieles selbst in der Hand: Für manche Gerichte, zum Beispiel Sommerrollen, bekommt er die Zutaten separat und rollt selbst – ganz nach Gusto. Auf Wunsch geht das auch im Mai Mai. Seit 2008 betreibt Tran Tan Cung mit seiner Frau Tran Thi Mai das Restaurant im Bobinger Hotel Schempp. Seiner Frau verdankt dieser Ort seine edle asiatische Atmosphäre und den Namen: „Mai ist eine Frühlingsblume und es ist der Vorname meiner Frau." Das doppelte Mai hat auf Vietnamesisch zwar keine Bedeutung. „Wir aber fanden es schön, weil man in Schwaben doch auch oft ‚mei, mei' ruft." Der Restaurantchef wurde im Norden Vietnams geboren, im Süden hat er gelebt, irgendwann kam er nach Deutschland, um zu studieren. 28 Jahre lang arbeitete er bei Siemens, doch als diese Zeit vorbei war, „wollte ich nicht rumsitzen und nichts tun". Die Kinder sind aus dem Haus, sie studieren, also fingen Tran Tan Cung und Tran Thi Mai noch einmal neu an.

Der Kooperation mit dem Hotel ist der europäische Teil der Speisekarte geschuldet: Schnitzel und Kässpatzen, sagt Tran, auch das müsse man halt anbieten in einer kleinen Stadt wie Bobingen. Das Gros der Gerichte aber sind Speisen aus der vietnamesischen Küche, die aufgrund der Kolonialzeit auch französische Einflüsse aufweist. Essen – in Vietnam ist es ein Teil der Kultur. Familie und Freunde sitzen zusammen, die Gerichte werden auf einer großen Platte oder in Schälchen serviert. Jeder nimmt sich, was er möchte. Wenn Familie Tran in Asien Verwandte besucht, läuft es genauso. Und kommen die Gäste aus unterschiedlichen Regionen des Landes, wird auch mal diskutiert, denn: Gerichte wie die berühmte Reisnudelsuppe Pho werden in jedem Teil Vietnams ein bisschen anders gekocht. Alles, was man dafür und andere vietnamesische Gerichte braucht, findet Familie Tran in Deutschland nicht. Doch die Auswahl sei schon recht gut: „In Augsburger Asialäden bekommen wir fast alles." Und dann fällt Tran Tan Cung noch etwas ein, was Vietnams Küche von anderen Küchen Asiens unterscheidet: Sie kommt ohne Glutamat aus. Warum so viele Chinesen es verwenden, auch das ist Herrn Tran ein Rätsel...

Nicole Prestle

BESONDERHEITEN

Mittagskarte werktags von 11.30–14.30 Uhr, Gerichte ab 6,50 Euro, Hauptspeisen von der Abendkarte ab 10,50 Euro

MAI MAI

- Vietnamesisch, eurasisch, vegetarisch
- Modern, geradlinig
- knusprige Ente mit Gemüse, Orangensauce und Reis 13,90 €, Feine Crème aus Mungbohnen mit Kokosmilch und Röstsesam 4,70 €

- Hochstraße 74, Bobingen
  Tel. 08234/9984689, www.maiscuisine.de
- Montag bis Freitag, 11.30–14.30 und 17.30–23 Uhr, Samstag 17.30–23 Uhr, Ruhetag Sonntag, Reservierungen abends sowie an Samstagen und Feiertagen empfohlen.
- P Ausreichend Parkplätze vor und hinter dem Haus

MM

Sommerrollen

mit Garnelenfüllung

ZUTATEN FÜR 2–3 PERSONEN

SOMMERROLLEN 8 Reispapierblätter (16 cm Ø),
8 mittelgroße Blätter Kopfsalat, 60 g Reisfadennudeln, 8 Garnelen, 1 kl. Karotte,
1 Gurke, 1 Handvoll Korianderblätter, ca. 16 Pfefferminzblätter
DIP 1 EL Hoisin-Sauce, 1 EL Essig, 1 EL Zucker, 2 EL Wasser
GARNITUR 1 EL gehackte geröstete Erdnüsse, 1 scharfe Thai-Chili rot

ZUBEREITUNGSZEIT
ca. 30 Minuten

1 Die Garnelen in einer Pfanne garen, schälen, vom Darm befreien und der Länge nach halbieren.

2 Die Karotten in feine Streifen schneiden. Aus der ungeschälten, aber entkernten Gurke ca. 2 mm dicke und 12 cm lange Streifen schneiden. Jetzt die Erdnüsse fein hacken und in einer heißen Pfanne kurz anrösten. Die Reisnudeln in einer Schüssel mit kochendem Wasser übergießen und ca. 5 Minuten einweichen lassen.

3 Die Reispapierblätter nacheinander in eine große Schüssel mit ca. 60° C heißem Wasser kurz eintauchen. Dann auf einem sauberen, feuchten Geschirrhandtuch ausbreiten und ein Salatblatt auf jedes Reispapierblatt randnahe (nicht in der Mitte) legen.

4 Zunächst die Reisnudeln auf das Salatblatt dünn verteilen. 2 bis 3 Minzblätter, ein wenig von den Karotten- und Gurkenstreifen sowie Korianderblätter auf die Reisnudeln geben. Jetzt 2 halbierte Garnelen ganz oben anlegen.

5 Nun das Reispapier an den Seiten einschlagen und das Ganze mit den Händen zu einer festen Rolle einrollen. Bis zum Servieren unter einem feuchten Tuch aufbewahren.

6 Für den Dip alle Zutaten mit 2 EL Wasser vermengen bis sich der Zucker auföst. Den Dip nun in 4 kleine Schälchen umfüllen und mit gehackten Erdnüssen bestreuen.

Wie ein Gedicht

Das Manyo in Augsburg halten viele für den besten Japaner in der Region. Gekocht wird am Tisch.

Vielleicht war ja alles Schicksal, denn eigentlich wollte Yoshihiko Tonami-Saji weder nach Deutschland, noch wollte er es für immer. „Ich habe russische Literatur studiert, doch die Einreise in die Sowjetunion damals war sehr schwierig." Also kam der junge Japaner nach Deutschland. Eine Zwischenstation sollte es sein. 25 Jahre liegt diese Entscheidung zurück.

Aus dem Literatur-Studenten von einst wurde ein Gastronom. Anfang der 1990er eröffnete Tonami-Saji das Manyo in einem Hinterhof in der Schertlinstraße. Angeregt hatten ihn ein japanischer Koch, der in Deutschland ein Restaurant gründen wollte, und ein anderer Landsmann, der sich für den deutsch-japanischen Kulturaustausch stark machte. Tonami-Saji unterstützte beide, denn er sagt: „Wie lernt man eine andere Gesellschaft besser kennen als durch ihre Esskultur?" Die wird im Manyo hochgehalten, wobei es dort nicht allein ums Essen geht, sondern auch um dessen Zubereitung: Die Plätze sind um große Kochplatten aus Stahl gruppiert, darüber Dunstabzugshauben. Was auch immer der Gast bestellt, es wird am Tisch zubereitet. Teppanyaki nennen das die Japaner. Als das Manyo eröffnete, war diese Form des Kochens selbst in seiner Heimat noch nicht allzu verbreitet, sagt Yoshihiko Tonami-Saji. „Fleisch und Fisch für Teppanyaki-Gerichte sind teuer, deshalb machten es viele nicht."

BESONDERHEITEN

Gekocht wird direkt am Tisch.
Das Manyo bietet auch Kochkurse an.

Den Köchen zuzusehen (fast alle sind Japaner), ist ein Spektakel. Messer und andere Utensilien tragen sie im Ledergürtel um die Hüfte. Sie arbeiten nicht still vor sich hin, sie machen die Zubereitung zur Show, scherzen mit den Gästen. Wer ein Menü wählt, sieht es nahezu vom ersten bis zum letzten Gang (flambiertes Vanilleeis) vor seinen Augen entstehen. Die Frauen, die im Manyo arbeiten, tragen Kimono. Für einen Abend glaubt man sich tatsächlich in Japan. Durch die großen Tische können im Manyo auch interessante Bekanntschaften entstehen. Wer zu zweit kommt, wird zu einer anderen Gruppe gesetzt und über kurz oder lang kommt übers Essen jeder ins Gespräch. Von außen ist das Restaurant unscheinbar. Lage und Optik sind den Anforderungen geschuldet: „Wir hatten etwas in der Maximilianstraße, doch dort hätten wir die Lüftungen nicht einbauen können", erinnert sich Tonami-Saji. Er war einst auch gar nicht auf Augsburg fixiert: „Wir hatten uns in Stuttgart, Nürnberg und München umgesehen." Viele Gäste sind froh, dass es am Ende dieser Standort wurde: Sie halten das Manyo für „den besten Japaner im ganzen Großraum".

Übrigens: „Manyo" bedeutet übersetzt „viele Gedichte". Ganz hat Yoshihiko Tonami-Saji der Literatur eben doch nie den Rücken gekehrt... *Nicole Prestle*

MANYO

- Japanisch
- Asiatisch, modern
- Menü mit verschiedenen japanischen Speisen und Fisch bzw. Fleisch 35,– €. Hauptspeisen ab 15,– € (Weißfischfilet), Rinderfiletsteak mit Sojabohnensprossen 19,50 €. Mittagskarte mit Menü ab 23,– € und Hauptspeise ab 6,20 € (gebratenes Gemüse)

- Schertlinstraße 12 a, Augsburg
  Tel. 0821/571119, www.manyo.de
- Montag bis Sonntag, 11.30 – 14 und 18 – 24 Uhr
  Dienstag Ruhetag
- Parken vor der Türe

MM

Miso-Suppe

ZUTATEN FÜR 4 PERSONEN

100 g Tofu, 40 g Wakame, 800 ml Dashi (Blaufischbrühe), 3 EL Miso (Sojabohnenpaste), ½ Lauchzwiebel

ZUBEREITUNGSZEIT

ca. 30 Minuten

1 Den abgetropften Tofu in etwa 2 cm große Würfel schneiden.

2 Die Dashi zum Kochen bringen, anschließend die Wakame hinzugeben und das Ganze 1 Minute kochen lassen. Jetzt den Tofu hinzugeben.

3 Die Miso in eine Suppenkelle geben, in diese nach und nach etwas Brühe hinzufügen bis eine glatte Mischung entsteht. Diese dann zur Suppe geben und einrühren.

4 Die Lauchzwiebeln in feine Ringe schneiden und zur Suppe geben.

5 Zum Schluss die Suppe noch einmal kurz aufkochen lassen und anschließend rasch in Suppenschalen servieren.

Im Herzen des Stadtmarkts

Der Vorläufer der Augsburger Marktgaststätte war ein Kiosk für die Händler. Heute essen dort auch die Kunden.

Am Anfang war es ein Kiosk, gedacht als Anlaufstelle für Beschicker. Die sollten, während sie ihre Waren auf dem Stadtmarkt anpriesen, auch selbst eine Möglichkeit haben, sich mit Essen zu versorgen. Mitte der 1950er Jahre entwickelte sich aus diesem Kiosk die Marktgaststätte, der Stadtmarkt war da schon gut 20 Jahre alt. Bis heute besteht das Lokal im Herzen der Stadt – und es hat sich kaum verändert. Eine Sache, die Wirtin Karin Brasseur ein wenig stört: „Wir haben ja fast DDR-Charme hier", sagt sie mit Blick auf die holzgetäfelten Wände und den großen, hallenartigen Raum im ersten Stock. Alle Versuche, die Marktgaststätte zu sanieren, seien bislang aber an den Finanzen gescheitert, denn als Besitzerin der Immobilie müsste die Stadt für die Kosten aufkommen – und die ist bekanntlich seit Jahren klamm.

BESONDERHEITEN

Abends zwischen 16 und 18 Uhr Happy Hour (jedes Bier 2 Euro).

Vom Stadtmarkt wegzugehen käme Karin Brasseur, einer gebürtigen Rheinländerin, dennoch nicht in den Sinn: „Mein Herz hängt an diesem Ort. Ich mag das Flair." Oben, vom ersten Stock mit der breiten Glasfront aus, hat man den Überblick über das quirlige Hin und Her auf dem Markt. 1930 hatte die Stadt beschlossen, alle Straßenmärkte aufzuheben und die Stände an einem Ort zu konzentrieren. Immer wieder hat es seitdem Diskussionen gegeben um diese Einrichtung, zuletzt ging es um die Ausweitung der Öffnungszeiten.

Als Wirtin würde Karin Brasseur davon profitieren. Denn während bei längeren Öffnungszeiten wohl nicht mehr Obst und Gemüse verkauft würde, gäbe es bestimmt den einen oder anderen Gast mehr in der Wirtschaft. Trotzdem ist Brasseur wie die Beschicker gegen eine Verlängerung: „Man muss berücksichtigen, dass viele Händler auch Produzenten sind: Die haben noch jede Menge Arbeit, wenn sie vom Stadtmarkt nach Hause kommen." Und dann hat die Marktgaststätten-Chefin eine weitere Sorge: „Dass es die Tendenz gibt, dass hier auf dem Markt nur noch gegessen und getrunken wird. Dabei geht es doch ums Einkaufserlebnis."

Das verbinden viele Stadtmarkt-Kunden mit einem Besuch in der Marktgaststätte. Weil die meisten Gäste nur in der Mittagspause vorbeischauen, muss es schnell gehen mit dem Servieren. Frisch, sagt Brasseur, wird trotzdem alles zubereitet, aber Gerichte wie Rouladen oder Gulasch könne man eben schon morgens machen.

Brasseur setzt auf Hausmannskost, aber auch auf Spezialitäten aus ihrer rheinischen Heimat. Grünkohl zum Beispiel. Die Zutaten besorgt sie – natürlich – auf dem Stadtmarkt. Wirte und Händler sind im Großen und Ganzen eine eingeschworene Gemeinschaft. Auch das macht das Flair des Augsburger Stadtmarktes aus.

Nicole Prestle

MARKTGASTSTÄTTE

- Schwäbisch, bayerisch
- Rustikal
- € Schnitzel Wiener Art 7,90 €, Schweinebraten mit Knödel und Krautsalat 7,90 €, Krautspätzle mit Wammerl 5,90 €

- Stadtmarkt Augsburg, Tel. 0821/33898
- Montag bis Freitag 8–18 Uhr, Samstag 8–14 Uhr, Sonntag Ruhetag
- P Parkhäuser am Ernst-Reuter-Platz, Annahof, Patrizia und andere Parkhäuser in der Innenstadt
- H Königsplatz

MM

Rheinischer Sauerbraten

ZUTATEN FÜR 4 PERSONEN

1 kg Rindfleisch (Bug oder falsches Filet), ¼ l Rotwein, ½ l Wasser,
¼ l Rotweinessig, 2 Lorbeerblätter, 8 Wacholderbeeren, 4 Pimentkörner, 1 TL Pfefferkörner,
40 g Butterschmalz, 1 Bd. Suppengrün, 60 g Lebkuchenbrösel,
Salz, Pfeffer, 1 EL Rübensirup, 150 g Rosinen, etwas Zucker, Mandelblättchen zum Garnieren

ZUBEREITUNGSZEIT

ca. 2 Stunden (+ Ruhezeit 3–5 Tage)

1 Für die Marinade den Rotwein, Essig und Wasser mit den Lorbeerblättern, Wacholderbeeren, Pimentkörnern und Pfefferkörnern kurz aufkochen lassen und anschließend vollständig abkühlen lassen. Das Fleisch am Stück in eine Schale geben und die Marinade über das Fleisch gießen, sodass das Fleisch vollständig bedeckt ist. Das Ganze 3–5 Tage abgedeckt im Kühlschrank ziehen lassen und dabei mehrmals wenden.

2 Das marinierte Fleisch nach 3–5 Tagen herausnehmen und mit einem Küchentuch trocken tupfen. Anschließend mit Salz und Pfeffer würzen und in einer heißen Pfanne im Butterschmalz von allen Seiten gut anbraten. Das Suppengemüse grob hacken und ebenfalls kurz anbraten. Die Marinade anschließend mit zum Fleisch geben und den Sauerbraten ca. 1½–2 Std. abgedeckt schmoren.

3 Nun die Lebkuchenbrösel zusammen mit dem Rübensirup zum Fleisch geben und ca. 5 Min. weiter schmoren lassen. Nach dem Schmoren das Fleisch aus der Soße nehmen und beiseite stellen. Die Rotweinsoße durchseihen, die Rosinen zugeben und mit Zucker, Salz und Pfeffer abschmecken.

4 Das Fleisch in feine Scheiben schneiden und mit Soße übergießen. Je nach Geschmack kann der Teller noch mit Mandelblättchen garniert werden. Als Beilage empfehlen wir Kartoffelknödel und ein Apfelkompott.

KLEINER TIPP

Rheinischer Sauerbraten schmeckt auch vom Pferd hervorragend.

Träume in Rot

Das Ristorantino Mille Miglia ist klein, aber fein. Und der wohl italienischste Platz in Augsburg.

Wozu nach Italien reisen? Die Abendsonne taucht die Prachtbauten in sanftes Rot. Angenehm klingt es in den Ohren: Ciao, Ciao, Bella, Mille Grazie. Mamma Antonietta tischt hausgemachte Pasta mit Salbei und Butter auf. Danach ein Tiramisu vom Feinsten und einen kräftigen Toskaner – tiefrot. Fehlt noch das Brummen eines Ferrari. Kein Problem: Auto-Träume in Rot gibt es hier auf dem Corso Maximilianstraße bisweilen zu bestaunen. Kurzum: In Augsburg gibt es wohl kaum einen italienischeren Platz als hier im Mille Miglia. Der sich diesen Traum erfüllt hat, heißt Vito Ruggeri, ist Mitte 40 und gebürtiger... Sizilianer?... Römer? Nein, Augsburger! Bei seinem Onkel in Oberhausen ist er schon als Bub „in die Gastronomie reingekommen". In Friedberg hat er sich selbstständig gemacht. Und dann wollte er ins Herz Augsburgs. In die Maxstraße. Eine Kaffeebar mit kleiner Küche war das Ziel. Heute gilt das Mille Miglia – direkt neben der Traditionseisdiele Sommacal – als einer der besten Italiener der Stadt.

BESONDERHEITEN

Feste Mittagskarte mit Nudelgerichten, Spezialitätenkarte wöchentlich wechselnd

Warum? „Ich bin so ein kleiner Feinschmecker", sagt Vito Ruggeri schmunzelnd von sich, während der schwäbische Einschlag im besten Italiener-Deutsch nicht zu überhören ist. Ruggeri geht selbst gerne Essen, kommt viel rum, sammelt Ideen und gute Lieferanten. Und dann entstehen Menü-Kreationen. „Das ist mein Job. Ich versuche zu perfektionieren." Das Ergebnis sind zum Beispiel Treviser Radicchio mit Ziegenkäse und karamellisierten Äpfeln, Mozzarella-Involtini auf Orangenfilets oder Fiorentina alla Griglia mit Bärlauch-Spaghetti. Umgesetzt werden sie vom achtköpfigen Team, in das auch Sohn Marco eingestiegen ist. Und in dem Schwiegermama Antonietta eine Hauptrolle hat: Sie macht die Pasta selber. Weshalb es für die Mittag-Stammgäste eine feste, eher traditionelle Karte für die Wochentage gibt. Das heißt zum Beispiel: Freitag ist Strozzapreti-Tag! Ansonsten aber liebt man im Mille Miglia die Abwechslung und das Individuelle. Bei nur acht Tischen drinnen im schmalen Altstadt-Ristorantino will sich Ruggeri familiär um seine Gäste kümmern. Das nennt der Chef auch als ein Erfolgsrezept: Weil Bar und Tische eng beieinander stehen, „ist auch die Verbindung von Küche, Kellner und Kunden eng". Da rücken die Gäste gerne mal zusammen. „Viele kennen sich." Noch etwas ist Ruggeri wichtig: gute Weine. „Bei mir geht es nicht nach Namen." Schmecken müssen die „Vini", die er oft auf Reisen in Italien entdeckt, kostet und ordert. Dabei klinkt er sich schon mal ein paar Kilometer ein in die berühmte Oldtimer-Rallye Mille Miglia, die 1000 Meilen von Brescia nach Rom und retour. Auch wenn er keinen eigenen Oldtimer besitzt. „Höchstens meine Aufschnittmaschine aus Parma..."

Markus Schwer

MILLE MIGLIA

- Gehoben italienisch
- Gasthaus mit Altbau an der Maxstraße
- € Schwertfisch vom Grill auf Kirschtomaten und Gemüse 18,50 €, Tris di Pasta in Butter und Salbei 14,50 €

- Maximilianstraße 49, 86150 Augsburg
  Tel. 0821/3498349, Webseite in Planung
- 10–24 Uhr, Reservierung für abends dringend empfohlen, Sonntag Ruhetag
- P In der Maxstraße nur begrenzt möglich
- H Moritzplatz

Mille
MIGLIA
AVIGNONESI
Allegrini
AVIGNONESI

DIVELLA

MM

Gebratener Büffelmozzarella

„Bufala Amalfi"

ZUTATEN FÜR 4 PERSONEN

4 St. Büffelmozzarella à 125 g, 2 sizilianische Zitronen mit Blättern,
200 g Zucchini, 100 g Stangensellerie, 100 g Karotten,
4 Lorbeerblätter, Salz, Pfeffer, Olivenöl, 4 Scheiben Weißbrot

ZUBEREITUNGSZEIT

ca. 20 Minuten

1 Die Zucchini, Karotten und den geschälten Sellerie in kleine Würfel schneiden und mit Olivenöl, Zitronensaft, Salz und Pfeffer marinieren. Das Ganze ca. 10 Min. ziehen lassen.

2 In der Zwischenzeit die Zitronen waschen, spiralförmig schälen und die geschälten Zitronen in dünne Scheiben schneiden. In einer großen Pfanne etwas Olivenöl erhitzen. Die Zitronenblätter und -scheiben zusammen mit den Lorbeerblättern in die Pfanne geben und bei mittlerer Hitze kurz anbraten.

3 Nun die Büffelmozzarella-Kugeln hinzugeben und alles zusammen kurz braten lassen.

4 Den Mozzarella auf einem Teller anrichten und die angebratene spiralförmige Zitronenschale daraufsetzen. Die Lorbeerblätter und Zitronenscheiben seitlich drapieren. Das gebratene Gemüse über den Mozzarella verteilen. Fertig ist der „Bufala Amalfi".

KLEINER TIPP

Dazu schmeckt hervorragend geröstetes Weißbrot.

Kunst & Küche

Wer im Ölhans in Walkertshofen einkehrt, geht nicht nur essen, sondern erlebt ein Gesamtkunstwerk.

Was kommt heraus, wenn ein Kunsthändler sich in die Abgeschiedenheit der Stauden zurückzieht und mit seiner Frau, einer Architektin, eine alte Schreinerei samt Stadel restauriert? Eine Antiquitätensammlung, ein Ausstellungsraum? Vorstellbar. Ein Treff für Freunde der Kunst? Logisch. Ein Platz der Ruhe zum Erholen in der Natur, zum Nachdenken und Philosophieren? Naheliegend. Eine Dorfwirtschaft? Undenkbar. Und doch: Genau das haben Heike und Uwe Dobler geschafft. Sie haben sich einen Lebenstraum erfüllt – und sie teilen ihn jede Woche an drei Tagen mit ihren Gästen. Und wie! Ölhans – so heißt dieser ganz besondere Ort an der Hauptstraße von Walkertshofen in Sichtweite der Stauden(Ausflugs)bahn. Der Name stammt von jener nicht weit entfernten Rapsölmühle, die die Doblers als Privatdomizil hergerichtet haben. Ölhans – das ist natürlich keine normale Dorfwirtschaft. Ölhans – das ist ein Gesamtkunstwerk, das für Aug' und Gaumen verheißt: „Ideen genießen."

BESONDERHEITEN

Verkauf von Einrichtungsgegenständen, Kunstobjekten, Wein, Seifen, Parfum, Appartement, „Genussfahrten zum Ölhans" unter: www.staudenbahn.de

Das beginnt beim Eintritt durch die schwere Holztüre aus der Provence mit dem Staunen über das offene Dachgestühl mit den ausladenden Kronleuchtern – einer davon aus der Familie von Carla Bruni, der Frau des früheren französischen Präsidenten Nicolas Sarkozy. Der Blick schweift weiter an den Wänden entlang, wo französische Firstziegel oder Tapetendruckrollen umfunktioniert zu Lampen dezentes Licht spenden. Der Gast erkennt wie zu Speisezimmern gegliederte Räume, drinnen antikes Mobiliar wie eine neapolitanische Apotheke, und mag sich über acrylklare Designerstühle an rustikalen Tischen wundern. Und doch ist nichts dem Zufall überlassen: Uwe Dobler beherrscht die hohe Kunst der Inneneinrichtung. Er ist Restaurator, Kunsthistoriker und Experte für Möbel in der TV-Sendung „Kunst & Krempel". Heike Dobler beherrscht dazu die Kunst der bodenständigen Küche. Zusammen mit ihrer Freundin Inge Hafner kocht sie heimisch, hochwertig, frisch, saisonal – „mit Pfiff". Mit Leidenschaft und Liebe zum Detail: Ein Spritzgebäck-Herz erfreut zur Begrüßung, das Kräuterei kommt auf einem Stück Schiefertafel, das Rhabarber-Parfait als Nachspeise grandios verziert.

Ideen zum Genießen eben. „Uns freut es, wenn die Botschaft ankommt. Das lässt sich mit Geld nicht messen", sagen die Doblers. Nein, das Restaurant sei kein „Betrieb". Der Ölhans sei die Vermittlung gehobener Lebensart. Es geht um Wohlfühlen und Behaglichkeit – antik und modern zugleich, international und bodenständig zugleich. All das für Kunstkenner aus aller Welt, für die Ausflügler aus der Stadt, für die Einheimischen.

Denn der Ölhans ist auch ein Laden: Man kann fast alles kaufen – vom Löffel bis zum Lüster. Oder nur genießen.

Markus Schwer

ÖLHANS

- Gehoben heimisch
- Interior Design in restauriertem Stadel
- Ständig wechselnde Karte – z. B. Schweinekotelett mit karamellisierten Apfelscheiben 18,– € oder Fischpfanne mit Zander, Lachs und Lachsforelle mit Kartoffelschnitzen 18,50 €

- Hauptstraße 23, 86877 Walkertshofen Tel. 08239/9608062, www.oelhans.de
- Freitag und Samstag ab 19 Uhr, Sonntag ab 11 Uhr Brunch oder Mittagstisch, Reservierung unbedingt
- P Problemlos

MM

Blutwurstravioli

mit karamellisierten Äpfeln und Lauchzwiebeln

ZUTATEN FÜR 4 PERSONEN

NUDELTEIG 250 g Mehl, 2 EL Olivenöl, 4 Eigelbe, 2 Eier, 1 Msp. Salz, Eiweiß zum Bestreichen
FÜLLUNG 400 g Blutwurst, 5 Majoranzweige, 6–8 EL Schlagsahne, Salz, Pfeffer,
2 Äpfel, 1 Bd. Lauchzwiebel, 4 EL Butter, Salz,
Pfeffer, frisch geriebene Muskatnuss,Parmesan, Zucker

ZUBEREITUNGSZEIT

ca. 20 Minuten (Vorbereitungszeit ca. 1 ½ Stunden)

1 Für den Nudelteig das Mehl in eine Schüssel geben. Öl, 4 EL Wasser, Eigelbe, Ei und Salz zum Mehl geben und das Ganze zu einem geschmeidigen Teig verkneten. Den Teig in Folie gewickelt 30 Min. im Kühlschrank ruhen lassen.

2 Inzwischen für die Füllung die Blutwürste aus der Haut lösen. Majoran abtupfen und mit der Blutwurst in einem Mixer zerkleinern. Die Sahne zugeben und verrühren, bis eine cremige Masse entsteht. Mit Salz, Pfeffer und etwas Muskatnuss abschmecken.

3 Die Äpfel waschen, vierteln und das Kerngehäuse entfernen. Nun in dünne Spalten schneiden. Zucker in eine Pfanne geben und karamellisieren lassen. Die Apfelspalten dazugeben und bissfest karamellisieren.

4 Den gekühlten Nudelteig auf einer bemehlten Fläche flach drücken. Nach und nach mit Hilfe einer Nudelmaschine zu 2 mm dünnen Teigrahmen ausrollen. Die Teigrahmen in 10 x 10 cm große Quadrate schneiden. In die Mitte der Quadrate je einen TL Blutwurstmasse setzen. Die Teigränder mit Eiweiß bestreichen und die Quadrate zu einem Dreieck falten. Dabei die Ränder gut andrücken.

5 In einem großen Topf Wasser aufsetzen, zum Kochen bringen und salzen. Die Ravioli nach und nach ca. 4 Min. unter dem Siedepunkt gar ziehen lassen. Mit einer Schaumkelle aus dem Wasser heben und abtropfen lassen. Butter in einer Pfanne zerlassen und die Ravioli portionsweise darin schwenken bis diese warm sind. Mit Salz und Pfeffer abschmecken.

6 Die Ravioli anrichten und die karamellisierten Äpfel daraufsetzen. Mit in Ringe geschnittenen Lauchzwiebeln bestreuen und mit Parmesan garnieren.

KLEINER TIPP

Richten Sie die Ravioli auf selbst gemachtem Sauerkraut an – eine herrliche Geschmackskombination!

Alte Rezepte, neu interpretiert

Um Gourmetwünsche zu erfüllen, setzt das Papageno, neben dem Augsburger Theater, auf eine Doppelstrategie.

„Ich will das Beste erreichen." Torsten Ludwig sagt das so, als ob nichts leichter wäre als das. Der Satz zeugt von seinem Willen, immer weiter zu gehen, neugierig zu sein und Neues auszuprobieren. Aber es schwingt auch die Erfahrung mit, Rückschläge wegzustecken und Hindernisse aus dem Weg zu räumen. Und das alles in einer Branche, in der man sich ständig neu beweisen muss. Tag für Tag. Sozusagen Teller für Teller. Es ist die Leidenschaft fürs Kochen, die den Inhaber des Restaurant Papageno antreibt. Entdeckt hat sie der gebürtige Aichacher bei einem Schulpraktikum. Dann ist er im Friedberger „Herzog Ludwig" in die Lehre gegangen. „Das war gehoben. Aber ich wollte unbedingt mehr." Es folgten Engagements in Illereichen und Stuttgart in Küchen mit einem Michelin-Stern. Ludwig wollte noch mehr. Zwei-Sterne-Küche: In einem Hotel an der Algarve-Küste in Portugal erlebte er den Sternenhimmel der Cuisine: Kochen mit 14 Vollprofis, Pool, Meerblick. Ein Traum. Und jetzt Augsburg: Nach Stationen im Magnolia und Kurhaus betreibt der Koch, der gerade mal die 30 überschritten und eine Familie gegründet hat, seit 2008 sein eigenes Restaurant. Was bleibt da von Träumen?

BESONDERHEITEN

Business-Lunch „3 in 1" auf einem Teller, 15,– €, Catering für Veranstaltungen

Dass es „schwierig" sei, Kochkunst im Alltag umzusetzen, das räumt der Koch ein. Aber er will sich treu bleiben und setzt auf eine Doppelstrategie. Im Restaurant serviert er „Neue Deutsche Küche". Er arbeitet mit alten Rezepten, will sie „zeitgemäß interpretieren". Und keine Mühe gescheut: Da wird ein Rinderbraten schon mal zwei Tage gegart. Ein Konzept, das ebenso attraktiv, innovativ wie realistisch ist. So ist das Ambiente des etwas verwinkelten, gleichwohl großzügig angelegten Lokals hochwertig angelegt. Zwischen den dunklen Holzstühlen und Tischen setzt die Farbe Rot die Deko-Highlights bei Polstern, Vorhängen und Blumen. Dazu hängen passend großformatige Fotografien an den Wänden. Ungezwungen bodenständig liest sich auch die Speisekarte – von Rinderbäckchen mit selbst gestampftem Kartoffelbrei und Ratatouille über Filetspitzen in Pilzrahm bis zum Kalbsrücken unter Schwarzbrotkruste. Wer mittags ohne lange Wartezeiten einkehrt, für den gibt es ein Business-Lunch „3 in 1": Vorspeise, Hauptgang und Dessert – auf einem Teller. „Papageno Gourmet" heißt das Motto für den zweiten Teil der Strategie: Im lichten Wintergarten für bis zu 25 Personen verwirklicht Ludwig seine Küchenträume mit Menüs von fünf bis sieben Gängen.

Übrigens, nomen est omen für den Wirt: Im Papageno – vom Vogelfänger aus Mozarts Zauberflöte entnommen – gehen Theaterleute ein und aus. *Markus Schwer*

PAPAGENO

- Neue Deutsche Küche und Gourmet
- Stilvoll gehoben
- € Hauptspeisen ab 10,50 € (Kalbsherz mit Zuckerschoten), Wiener Kalbsschnitzel mit Kartoffelsalat 12,50 €, Menüs ab 32,– €, Gourmetmenüs ab 55,– €

- Theaterstraße 8, 86152 Augsburg – neben Theater Tel. 0821/9076464, www.papageno-restaurant.de
- Dienstag bis Sonntag 11.30 – 14 Uhr und 18 – 23 Uhr. Reservierung Ja, bei „Gourmet"
- P City-Parkhäuser
- H Theater

MM

Zwiebelrostbraten

mit Käs'spatzen

ZUTATEN FÜR 4 PERSONEN

KÄS'SPATZEN 4 Eier, 200 g Mehl, 100 g Bergkäse, 200 ml Sahne, Salz, Muskat
ROSTBRATEN 2 mittelgroße Zwiebeln, 8 EL Mehl,
2 EL Paprikapulver (edelsüß), Salz, 4 Scheiben Roastbeef à 180 g

ZUBEREITUNGSZEIT

ca. 90 Minuten

1 Zunächst werden die Spatzen zubereitet. Hierfür das Mehl in eine Rührschüssel sieben und die vier Eier sowie je eine Prise Salz und Muskat hinzugeben. Die Masse kräftig zu einem glatten Teig verarbeiten bis dieser Blasen schlägt.

2 Den Teig nun nach und nach mit einem Spätzlehobel in kochendes Salzwasser geben. Die Spätzle einmal gut aufwallen lassen und anschließend mit einer Schaumkelle herausnehmen und in ein Sieb geben.

3 Für die Röstzwiebeln Fett zum Frittieren in einen Topf geben und auf ca. 160°C erhitzen (am einfachsten in der Fritteuse falls vorhanden).

4 Die Zwiebeln in ca. 5 mm dicke Ringe schneiden. Das Mehl mit dem Paprikapulver mischen und die Zwiebelringe darin wenden. Kurz absieben und im heißen Fett hellbraun ausbacken. Die fertig gebackenen Zwiebelringe zum Abtropfen auf ein Küchentuch legen und etwas salzen.

5 Das Fleisch für den Rostbraten salzen und in einer heißen Pfanne mit Öl von beiden Seiten je 1 bis 2 Min. scharf anbraten. Anschließend das Fleisch aus der Pfanne nehmen und je nach Belieben der Garstufe ca. 5 Min. bei 100°C Umluft im Backofen ziehen lassen.

6 In dieser Zeit die Spätzle mit der Sahne in einer Pfanne aufkochen lassen, würzen und den geriebenen Bergkäse hinzugeben. Nun das Fleisch, die Zwiebeln und die Käs'spatzen auf vorgewärmten Tellern anrichten.

Im Reich Poseidons

Fisch spielt im griechischen Restaurant an der Augsburger Maximilianstraße eine Hauptrolle. Die Tradition auch.

In der griechischen Mythologie herrscht Poseidon über das Meer. Was also läge näher, als in einem Restaurant, das den Namen dieses Gottes trägt, Fisch anzubieten. Viel Fisch. „Wir legen einen großen Schwerpunkt darauf", sagt Ntafopoulos Evangelos und schlägt die Speisekarte dort auf, wo sich der Beweis für seine Aussage findet: 20 Fischgerichte stehen da untereinander – von der Kreta-Fischplatte mit Oktopus und St.-Petersfisch bis hin zu Kalamari in Knoblauchsoße. Evangelos stieg mit 29 Jahren als Chef im „Poseidon" ein. Er hat es von seinen Eltern übernommen, dass er es weiterführen würde, stand seit Jahren fest. „Meine Eltern haben das Restaurant 1982 hier gegründet, mein Vater war vorher bei seinem Vater in Nürnberg, auch in der Gastronomie", sagt Evangelos. Eine Tradition also, der man sich schwer entziehen kann. Dennoch hat Evangelos keine klassische Ausbildung absolviert, zum Koch etwa oder zur Restaurantfachkraft. Er hat Betriebswirtschaft studiert. „In Athen, das war toll", sagt er und lächelt. Wäre er gerne dort geblieben? Nein, sagt er und lächelt wieder.

BESONDERHEITEN

Mittagstisch mit günstigeren Preisen und verschiedenen Menüs, großes Angebot an Fischgerichten

„Mir gefällt diese Arbeit in der Gastronomie. Vor allem wegen der Menschen." Der junge Grieche trifft täglich viele Menschen. Oft sind die hundert Plätze im Restaurant mittags belegt, auch abends läuft das Geschäft. „Wir liegen an der Maximilianstraße, das ist toll, weil viele Leute einfach so vorbeikommen. Auch Touristen." Vor allem letztere seien in den vergangenen Jahren mehr geworden. Sie kommen aus Italien, aus Japan, aus China. „Bei uns finden sie Speisen, die man von einem griechischen Restaurant erwartet." Was die Gäste vor allem schätzen, ist die große Speisekarte. Für den Gastronomen macht dies die Arbeit zwar schwerer. „Man muss auf so vieles vorbereitet sein." Das Angebot zu verkleinern, sei jedoch schwierig. „Was wollen Sie weglassen? Es gibt Gäste, die kommen wegen der Kalamari, andere wegen der Rinderleber. Man kann auf nichts verzichten." Die griechische Atmosphäre ist im Poseidon überall zu spüren. Die Dekoration ist zwar sehr zurückhaltend, „die Fischernetze an der Decke haben wir vor einigen Jahren abgenommen". Doch die Menschen, die im Poseidon arbeiten, kommen alle aus Griechenland und bedienen die Gäste mit einem charmanten, griechisch gefärbten Deutsch. Auch das Personal in der Küche besteht nur aus Landsleuten von Evangelos. „Dort wird auch nur Griechisch gesprochen", sagt er. Im Sommer übrigens speisen die Gäste im Innenhof, der dank der Olivenbäumchen und einiger griechischer Statuen an einen Urlaubstag im Süden erinnert. „Auch das mögen unsere Gäste sehr."

Nicole Prestle

POSEIDON

- Griechisch
- Modern
- Giros mit Zaziki, Reis und Salat: 10,80 €

- Maximilianstraße 66, 86150 Augsburg
  Tel. 0821/152966, www.restaurant-poseidon.de
- Täglich 11.30–15 und 17.30–24 Uhr, Reservierung sonntags empfohlen, kein Ruhetag
- Parken in Parkhäusern oder rundum mit Parkuhr
- Ulrichsplatz
- Eingangsbereich eng, aber ohne Stufen

WYS

Moussaka

ZUTATEN FÜR 4 PERSONEN

3 Auberginen à 250 g, Salz, Pfeffer, 600 g Kartoffeln (festkochend), 2 Zwiebeln, 500 g Rinderhackfleisch, 1 Dose stückige Tomaten, Olivenöl zum Braten und für die Form, (800 g Füllgewicht), 1 EL Tomatenmark, 125 ml Weißwein (nach Belieben), ¼ TL Zucker, ½ TL Zimt, 1 ½ TL getrockneter Oregano, 4 EL Butter, 4 EL Mehl, 800 ml Milch, frisch geriebene Muskatnuss, 2 Eier, 100 g Parmesan

ZUBEREITUNGSZEIT

ca. 2 Stunden

1 Die Auberginen waschen, putzen und in ca. 1 cm dicke Scheiben schneiden. Mit Salz bestreuen und 30 Min. ziehen lassen. Inzwischen Kartoffeln waschen und in reichlich Salzwasser zugedeckt 20–25 Min. garen. Anschließend abgießen und ausdampfen lassen.

2 Währenddessen die Zwiebeln schälen und würfeln. 2 EL Öl in einem Topf erhitzen und die Zwiebeln darin glasig dünsten. Hackfleisch zugeben, salzen, pfeffern und unter Rühren krümelig anbraten. Tomaten, Tomatenmark und nach Geschmack Wein unterrühren. Mit Zucker, Zimt und Oregano würzen und offen bei mittlerer Hitze 25 Min. köcheln lassen.

3 Die Butter in einem zweiten Topf schmelzen, Mehl einrühren und anschwitzen. Die Milch nach und nach zugießen und unterrühren. Offen bei schwacher Hitze in ca. 20 Min. zu einer Béchamelsoße kochen. Mit Salz, Pfeffer und Muskatnuss würzen und vom Herd nehmen.

4 Den Backofen auf 190° C vorheizen und die Auflaufform mit Öl auspinseln. Die Auberginen kalt abspülen und trocken tupfen. Jeweils 3–4 EL Öl in einer Pfanne erhitzen und die Auberginen portionsweise darin von beiden Seiten hellbraun anbraten. Im Anschluss herausnehmen und auf Küchenpapier abtropfen lassen.

5 Den Ofen auf 170° C Umluft vorheizen. Die Kartoffeln pellen, in dicke Scheiben schneiden und in der Form auslegen. Die Hälfte der Hackfleischsoße darauf verteilen und die Hälfte der Auberginenscheiben darüberschichten. Die übrige Hackfleischsoße daraufgeben und mit den restlichen Auberginenscheiben belegen. Die Eier und ca. drei Viertel vom Käse gut unter die Béchamelsoße rühren. Jetzt die Soße auf den Auberginen verteilen und mit dem restlichen Käse bestreuen. Die Moussaka im vorgeheizten Ofen in ca. 45 Min. goldbraun backen.

Im Häppchen-Paradies

In der Augsburger Tapas-Bar Purist zelebriert Matthias Möschl spanische Küche und besondere Cocktails.

Wer Tapas mag, der kostet, pickt und nascht gerne. Mal hier ein Häppchen, mal da eine Olive, dort eine frittierte Sardelle (boquerones), dazwischen noch albondigas, spanische Hackfleischbällchen mit Tomaten-Zimt-Salsa, jetzt ein Schluck Tempranillo, nachher noch einen Whiskey Sour mit Eiweiß – willkommen im Häppchenparadies namens „Purist". Warum also nicht eine Tapas-Bar in geschriebenen Häppchen präsentierten?

1. Tapa: der Besitzer Matthias Möschl ist Purist und ihm gehört auch die Tapas-Bar. Er steht am liebsten hinter der Theke und mixt neue Cocktailkreationen oder berät seine Gäste. Möschl lernte seine Kunst bei den bekannten Barkeepern Till Stürmer und Ralf Müller. Nach Stationen in Berlin, Freiburg und Erlangen kam er zurück in seine Heimatstadt, in der er vor mehr als 20 Jahren seine ersten Gastronomieerfahrungen gesammelt hatte.

2. Tapa: Entstehung Eigentlich wollte Möschl vor über fünf Jahren nur kurz seine Familie in Augsburg besuchen – doch bei dieser Stippvisite in seiner Heimat entdeckte er den leer stehenden Laden in einem der schönsten Gebäude der Stadt: dem Gollwitzerhaus. Ideal für eine Tapas-Bar mit guter Cocktailkarte – Möschl sah die Marktlücke. Er wollte neue Maßstäbe in der Augsburger Barszene setzen. „Andere Gastronomen gaben mir in der Lage drei Monate", erinnert sich Möschl. Im September hat sein Laden Fünfjähriges gefeiert. Der Purist läuft sehr gut.

3. Tapa: die Philosophie „Genießen Sie das Sein!" – dieser Slogan steht auf der Homepage. Möschl ist Klasse wichtiger als Masse.

4. Tapa: das Essen Die Karte ist nicht riesig, aber der Inhalt ist frisch zubereitet und lecker. Vegetarisch, Fisch, Fleisch – und sogar vegan.

5. Tapa: die Cocktails Wer bei Möschl Jacky Cola bestellen möchte, beißt auf Granit. Gibt's nicht. „Der Drink ist eine Katastrophe", sagt Möschl, der die meisten Säfte für seine Cocktails selber herstellt und stolz auf seine Spirituosenkollektion ist. 38 Gin-, 60 Rum-Sorten. Der Whiskey Sour im „Purist" ist der beste in der Stadt.

6. Tapa: der Service Schnell, freundlich, kompetent und ohne Handcomputer oder Block unterwegs – alle Tapas im Kopf behalten.

7. Dessert-Tapa Weil er mehr Zeit für seine Kreationen und für Gespräche mit Gästen haben möchte, hat Möschl 2013 das „Purist Nachtcafé" in der Klinkertorstraße aufgemacht. In der „Aperitivo- und Absackerbar" gibt es nun Zigarren und Weinverkostungen, gute Drinks, Kaffee und, klar, auch ein paar Häppchen. *Lea Thies*

BESONDERHEITEN

Täglich Happy Hour 17–20 und 24–1 Uhr
Angebote: montags Paella-Abend, dienstags und sonntags günstigere Tapas, mittwochs Caipi- und Mojito-Abend, donnerstags Happy Hour All Night

PURIST

- Spanisch
- Mediterran, schlicht
- Tapas ab 2,80 € pro Schälchen, offene Weine ab 3,80 €, Cocktails ab 7,50 €

- Volkhartstraße 12, 86152 Augsburg
Tel. 0821/7477133, purist-augsburg.de
- Montag bis Donnerstag 17–1 Uhr,
Freitag und Samstag 17–2 Uhr,
Sonntag 17–24 Uhr,
Reservierung empfohlen,
Ruhetag im Sommer montags
- P Parken vor dem Haus
- H Klinkertor

fertas
especialidad
aella
12€
„ all night "
errano 3,60
berico 4,80
che käsevariation
traditional
äpfel
6,20
12,80
3,80
2,80
3,40
3,20
3,60
3,80

WYS

Infused Daiquiri

ZUTATEN FÜR 1 PERSON

3,5 cl Appleton, 1,5 cl Giffard Madagaskar Vanillelikör, 1 dash Strega Safranlikör,
1 dash Chocolate bitter, 6 cl frisch gepresster Limettensaft
100% Kakaopulver, 1 unbeh. Orange, 1 unbeh. Limette, 1 Zimtstange

ZUBEREITUNGSZEIT

ca. 5 Minuten

1 Für die Garnitur eine unbehandelte Orange spiralförmig schälen und die Schale aufheben. Eine Limettenscheibe bis zur Hälfte einschneiden und den Rand des Glases einmal rundherum anfeuchten. Die Limettenscheibe zur Seite legen.

2 Das Kakaopulver in eine flache Schale oder Teller geben. Nun das Glas mit dem angefeuchteten Rand ca. 0,5 cm tief in den Kakao drücken, so entsteht der leckere Kakaorand am Glas.

3 Alle Zutaten für den Cocktail werden im Mixglas auf Eiswürfel ca. 15–20 Sekunden geshaked und im Anschluss in das vorgekühlte Daiquiriglas abgeseiht.

4 Nun die Limettenscheibe an den Glasrand stecken, die Orangenschale um die Zimtstange wickeln und diese ebenfalls in das gekühlte Daiquiriglas stellen.

Norditalien für Gaumen und Kehle

Im Augsburger Ripasso gibt es viel mehr als den gleichnamigen edlen Rotwein.

Weinliebhabern ist das Wort Ripasso ein Begriff. Sie schätzen den hochwertigen Rotwein aus Venetien, der in zwei Durchgängen vergoren wurde. Auf der Karte in Ingrid Ferraris Ristorante ist der edle Tropfen zu finden. Warum die Wirtin auch ihrem Lokal im Augsburger Bismarckviertel den Namen gegeben hat, ist schnell erklärt. „Ripasso" heißt ins Deutsche übersetzt „ich komme wieder". „Und ich wünsche mir natürlich, dass meine Gäste wiederkommen." Seit 2007 führt Ferrari das alteingesessene Restaurant in der Alpenstraße, das früher unter anderen Namen bekannt war. Sie bringt nicht nur Gastronomieerfahrung mit, sondern ist auch mit einem Norditaliener verheiratet. Dies inspirierte sie dazu, dieser Region kulinarisch zu huldigen. Zusammen mit ihrem Team setzt die Wirtin zahlreiche norditalienische Spezialitäten auf die Speisekarte. Diese finden sich vor allem handschriftlich auf der Schwarzen Tafel, die den Gästen zusätzlich an den Tisch gestellt wird.

BESONDERHEITEN

Wöchentlich wechselnde Mittagsgerichte, Sonnenterrasse. Große Weinauswahl vor allem aus dem Trentino, dem Piemont und Sizilien, viele Weine werden glasweise ausgeschenkt.

Zu den „Rennern" zählen laut Ingrid Ferrari die hausgemachten Gnocchi, die etwa mit einer Sauce aus Steinpilzen und würziger, grober Wurst (Salsiccia) serviert werden. Häufig werde auch Kalbsleber venezianische Art geordert. Ob Lammcarree mit Steinpilzkruste, gefülltes Gemüse oder Spaghetti-Sugo, auf drei Dinge legt die Chefin Wert: „Wir achten auf Qualität, kochen täglich frisch und machen alles selbst." Und das dank zweier Köche an sieben Tagen pro Woche mittags und abends. Wer sich sein Menü in der regulären Speisekarte zusammenstellt, stößt auf die Klassiker aus den diversen Ecken Italiens von der Pizza über Pasta bis zu Kalbsschnitzelchen und frischem Fisch. Eine Empfehlung gefällig? „Für unsere Pizza bekommen wir viele Komplimente", sagt die Wirtin und gibt auf Nachfrage ihr Lieblingsgericht preis: Spaghetti mit Knoblauch und Olivenöl. Denn oft schaffen es gerade die einfachen Gerichte, den Gaumen zu erfreuen. Dazu genießen die Wirtin und ihre Gäste – viele von ihnen leben oder arbeiten im Viertel – einen Hauswein vom Fass oder einen Weißen oder Roten aus der reichhaltigen Weinkarte. Dass die edlen Tropfen aus Südtirol, Venetien oder dem Piemont auch glasweise bestellt werden können, ist Ingrid Ferrari wichtig. Für Nachschub im Weinkeller sorgt ihr italienischer Mann. Sie selbst fährt mehrmals im Jahr in den Norden des Landes zum Einkaufen. Doch bald zieht es die gebürtige Augsburgerin wieder in ihr verwinkeltes Ristorante mit den gepflegt eingedeckten Tischen. „Ripasso" gilt eben nicht nur für die Gäste, sondern auch für die Wirtin.

Andrea Baumann

RISTORANTE RIPASSO

- Italienisch mit vielen Spezialitäten aus dem Trentino
- Rustikal, gemütlich
- Spaghetti mit Fleischsoße 7,50 €, Scaloppine in Weißweinsoße 12,90 €, Tintenfisch vom Grill 12,50 €

- Alpenstraße 16, 86159 Augsburg Tel. 0821/583118, www.ristorante-ripasso.de
- Täglich 11–14.30 Uhr und 17.30–23 Uhr
- Einige Stellplätze vor dem Lokal
- Haunstetter Straße
- Ja, über die Terrasse

CHIANTI

WYS

Hausgemachte Gnocchi

mit Steinpilzen und Salsiccia piccante

ZUTATEN FÜR 4 PERSONEN

GNOCCHI 1 kg Kartoffel (mehlig), 200 g Mehl, 1 mittelgroßes Ei, 1 Prise Salz
SOSSE 2 EL Rapsöl, 1 mittelgroße gehackte Zwiebel, 1 gehackte Knoblauchzehe, ⅛ l Weißwein, ca. 100 g Salsiccia piccante in Streifen geschnitten, 1 EL Butter, 100 ml Gemüsebrühe, 1 EL pürierte Tomatensoße, ca. 100 g Parmesan, Salz, Pfeffer

ZUBEREITUNGSZEIT
ca. 30 Minuten

1 Für die Gnocchi die Kartoffeln ungeschält in reichlich Wasser weich kochen. Anschließend die Kartoffeln schälen und auf einer bemehlten Arbeitsfläche durch eine Kartoffelpresse drücken. Mehl, Ei und Salz mit den durchgepressten Kartoffeln kneten bis ein kompakter Teig entsteht.

2 Vom Teig ca. ⅓ abnehmen und zu einer 3 cm dicken Rolle formen und diese mit einem Messer in 3 cm lange Gnocchi-Stücke teilen. Gnocchi in kochendes Salzwasser geben. Im heißen Wasser ziehen lassen, bis sie an der Wasseroberfläche schwimmen. Mit einem Schaumlöffel herausnehmen und mit kaltem Wasser abbrausen. Diesen Vorgang wiederholen bis der gesamte Teig verarbeitet ist.

3 Für die Soße die Zwiebel mit Knoblauch, Salsiccia und Steinpilze in einer Pfanne mit heißem Öl anbraten. Anschließend mit Weißwein ablöschen. Salz Pfeffer, Brühe und Tomatensoße hinzugeben. Die Soße etwas reduzieren lassen. Mit Butter und Parmesan wird die Soße gebunden.

4 Die Gnocchi in einem tiefen Pasta anrichten und mit Petersilie garnieren.

Mehr als Rot-Weiß-Rot

Weil der Küchenchef aus Österreich stammt, locken vor allem Mehlspeisen in die Schlemmerhütte nach Langweid.

Tu felix austria! Du glückliches Österreich! Was hast Du nicht alles zu bieten? Berge, blaue Donau, Mozart, Walzer, Wein – und Süßspeisen! Beispiel gefällig? Kaiserschmarrn, Topfennugatknödel, Zitronenparfait in Prosecco. Wer diesem „Tipp vom Chef" auf der Speisekarte folgt, der geht gewiss nicht fehl. Zu erleben in der Schlemmerhütte in Langweid.

Zwar geht es im nördlichen Lechtal schon auf die (hier noch bayerisch-) blaue Donau zu, doch dürfen die rot-weiß-roten Gaumenfreuden dort durchaus als Überraschung gelten. Das hat aber noch einen anderen Grund: Wer am Nordende der Hauptstraße zum ersten Mal abbiegt, wird das Gefühl nicht los, als böge er eben auf einen Supermarktparkplatz ein. Das war auch bis Februar 2009 so. Doch seitdem hat sich der funktionale Zweckbau Stück für Stück in die Schlemmerhütte verwandelt – mit einem Saal für größere Veranstaltungen, in ein Nebenzimmer für kleine Feiern und in eine Gaststube, die mit ihrem modern-antiquierten Landhausstil ein Ambiente erzeugt, das beim Blick durch die großen Fenster über die Terrasse hinweg tatsächlich die großen Berge erahnen lässt...

„Wir wollten die Hüttenatmosphäre mitnehmen, aber durchaus auch entstauben", erzählen die Wirtsleute Caroline und Martin Kalchschmid. Gewiss, ihr Lebenstraum wäre ein eigenes Restaurant in den Alpen. Schließlich stammt der Küchenmeister aus dem Burgenland und hat etliche Winter im Skiort Lech verbracht. Aber die familiären Bande haben die beiden nach Langweid geführt und, inzwischen mit Familie, glücklich gemacht. Mit Liebe zum Detail ist die Hütte eingerichtet: Schwarz-Weiß-Fotos von ganz droben im Lechtal passen problemlos neben Wurzelkranz und Herzlkissen. Das bedeutet nicht, dass hier alles in Rot-Weiß-Rot ist. Auch auf der Speisekarte nicht. Denn auch für Martin Kalchschmid, der schon auf Kreuzfahrten, im Casino und für die Formel 1 im Einsatz war, gilt: „Man darf an seinen Gästen nicht vorbei kochen."

So bietet er mit seiner Frau ein Spektrum an Speisen, das den Zwiebelrostbraten oder das Rahmschnitzel als Klassiker genauso beinhaltet wie ein knusprig gebratenes Kabeljaufilet oder einen asiatisch angehauchten Gemüsewok mit Rinderfiletspitzen. Dabei wechselt die Auswahl regional und saisonal – je nachdem, was die Kalchschmids bei bevorzugten Erzeugern in der Region gerade einkaufen können. Vor allem aber macht er „soweit es geht alles selber" – Soßen, Suppen, Nudeln, Spatzen. Und Schlutzkrapfen. Denn österreichisch geht nicht nur süß, sondern auch tirolerisch herzhaft. *Markus Schwer*

BESONDERHEITEN

Spezielle Mittags- und Wochenkarte (Steaks), Partyservice, Veranstaltungsaal

SCHLEMMERHÜTTE

- International, österreichisch, vegetarisch
- Hüttenatmosphäre im modernen Landhausstil, Biergarten
- Hauptgerichte ab 6,90 € (Club Sandwich) bis 17,90 € (Zwiebelrostbraten Weiderind). Wiener Schnitzel vom Kalb für 16,90 €

- Dillinger Straße 26, 86462 Langweid
  Tel. 08230/8006-1
  www.schlemmerhuette-langweid.de
- Mittwoch bis Sonntag 11 – 14 Uhr und 18 – 22 Uhr, Reservierung abends ratsam, Montag und Dienstag Ruhetag
- Parken direkt im Hof

Öffnungszeiten:
Mittwoch bis
Sonntag
11-14 & 18-22 Uhr
Gruppen nach
Vereinbarung!

MM

Kaiserschmarr'n

ZUTATEN FÜR 2 PERSONEN

2 Eier, 2 cl Rum, 80 g Mehl, 60 ml Sahne,
10 g Zucker, 10 g Zucker für Karamell

ZUBEREITUNGSZEIT

ca. 15 Minuten

1 Die Eier, Rum, Zucker und Mehl in einer Schüssel vermengen. Sahne schlagen und anschließend unter den Teig heben.

2 Eine Pfanne mit Butter und Rumrosinen erhitzen und die Teigmasse hineingeben. Den Teig bei geringer Hitze in der Pfanne backen bis dieser eine goldgelbe Farbe annimmt. Anschließend wenden und entsprechend die andere Seite goldgelb backen.

3 Den Kaiserschmarr'n vorsichtig mit 2 Löffeln in der Pfanne zerteilen. In der Mitte Platz für das Karamell lassen.

4 Butter in der Mitte schmelzen und 10 g Zucker daraufstreuen und karamellisieren. Achtung: Bei zu großer Hitze verbrennt das Karamell. Pfanne evtl. kurz vom Herd nehmen.

5 Den Kaiserschmarr'n mit Karamell gut vermengen und nach Belieben mit Puderzucker bestäuben.

KLEINER TIPP

Wir servieren den Kaiserschmarr'n mit einem fruchtig frischen Apfelmus.

Der Schlosswirt

Das Gasthaus in Scherneck bei Rehling ist Start und Ziel für Ausflügler – und einer der beliebtesten Biergärten.

Da sitzen sie also im Biergarten, die Radler, Motorradfahrer, ja überhaupt die Ausflügler. Vor allem am Wochenende sind sie da, das beinahe rund um die Uhr und mit schöner Regelmäßigkeit. „700 bis 800 Essen machen wir manchmal sonntags", sagt Wirt Klaus Sayer. Viel Arbeit sei das, ja, man gehe an seine Grenzen. Aber wenn man bedenke, wie es 2004 draußen in Scherneck begann, dann könne man froh sein. Sayer übernahm damals ein „recht heruntergewirtschaftetes" Lokal. Ein Start „unter schwersten Bedingungen" war das und es dauerte fast drei Jahre, bis das Schlossbräustüberl wieder einen guten Namen hatte. Dass es letztlich so kam, ist an mehreren Umständen festzumachen. Als Erstes natürlich, so sagt's der gelernte Koch Sayer, am Essen. Gutbürgerlich ist das Motto, mit einem Schwerpunkt auf Wild, was auf der Hand liege bei all dem Wald drum herum: „Wir brauchen rund 40 Rehe im Jahr und 15 Wildschweine." Geschossen werden die Tiere von vier, fünf Jägern, auf die sich der Wirt von Scherneck verlässt.

BESONDERHEITEN

Ein Biergarten mit Vollservice, einer mit Selbstbedienung, in den man seine Brotzeit mitbringen kann, das Bier kommt aus der Schlossbrauerei

Dann gibt es neben den Biergarten-Klassikern (Wurstsalat, Sulz, Stinkkäse mit Essig und Öl) auch die kleinen Besonderheiten wie das Schäufele. „Das habe ich mal in Franken bei der Taufe meines Enkels gegessen und es auf meine Speisekarte übernommen." Statt Schweinshaxn, sagt Sayer, denn das könne ja jeder.

Scherneck ist aber auch aufgrund seiner Vielseitigkeit ein beliebtes Ausflugsziel bei Augsburgern und immer mehr auch bei Leuten aus dem Donauwörther Raum: Sie kommen zum Open Air mit LaBrassBanda, zum Intruder-Treffen, zu den Gartentagen, zum Kraxeln im benachbarten Kletterwald, zum Radeln und, und, und. Einen Besuch in der Wirtschaft schließen fast alle in ihren Erlebnistag mit ein. Sein Gasthaus, sagt Sayer, sei deshalb eigentlich „ein Selbstläufer".

Gepachtet hat er das Lokal vom Schlossherren, dem Freiherrn von Schaezler, in dessen Besitz auch die Brauerei ist. Von dort bezieht Sayer sein Bier. Dass das Anwesen oben auf dem Berg kein „Schaugut" ist, merkt man unter der Woche gerade auch am Betrieb in dieser Brauerei.

Sayers Sohn samt Freundin, eine Köchin, sind auch im Schlossbräustüberl eingestiegen. Der Senior-Chef ist froh: „Hätten sie es nicht getan, ich weiß nicht, ob ich weitergemacht hätte." Alleine seien die Tage fast nicht zu stemmen: Raus morgens um fünf, arbeiten bis nachts um eins. Auf Dauer gehe das auf die Gesundheit, vor allem in einem schönen Biergarten-Sommer, wo wochenlang Hochbetrieb herrscht. Sayer aber klagt nicht. „Wirt", sagt er, „bin ich aus Berufung." *Nicole Prestle*

SCHLOSSBRÄUSTÜBERL

- Bayerisch, schwäbisch
- Rustikal, gemütlich
- € Schnitzel Wiener Art mit Pommes 8,20 €, Fränkisches Schäufele 11,90 €, Hauptspeisen ab 7,90 € (Kässpätzle)

- Scherneck 1, 86508 Rehling
  Tel. 08237/6350, www.schlossbraeustueberl.com
- Im Sommer täglich von 10–1 Uhr, im Winter Mittwoch bis Sonntag von 10–1 Uhr, Ruhetag im Sommer nur bei schlechtem Wetter, dann montags, im Winter Montag und Dienstag
- P Parken vor dem Haus

WYS

Schweinefilet im Tramezzinimantel

Spargelbouquet und Bärlauchpesto, dazu Nusskartoffeln

REZEPTZUTATEN FÜR 4 PERSONEN

SCHWEINEFILET 500 g Schweinefilet (ca. 120 g pro Person), 120 g Kalbsbrät, 1 Pck. Tramezzini (Weißbrot nach italienischer Art), Salz, Pfeffer, 2 TL Olivenöl
SPARGEL 800 g frischen Spargel, 1 l Wasser, 1 Scheibe Zitrone (unbehandelt), 10 g Zucker, 5 g Salz, 100 g Butter
NUSSKARTOFFELN 500 g Kartoffeln, 1 l Wasser, 75 g Butter, 1 Prise Salz, 1 Prise Muskat
BÄRLAUCHPESTO 500 g Bärlauch, 100 g Parmesan, 75 g Pinienkerne, 250 ml Sonnenblumenöl, Meersalz

ZUBEREITUNGSZEIT
ca. 60 Minuten

1 Die Silberhaut vom Schweinefilet entfernen. Das Schweinefilet würzen und von allen Seiten in einer Pfanne mit etwas Fett kurz anbraten. Das Tramezzini dünn mit Kalbsbrät bestreichen und das Schweinefilet darin einwickeln. Abstehendes Tramezzini abschneiden und anschließend mit einem Küchengarn umwickeln. Olivenöl in einer Pfanne erhitzen und das ummantelte Schweinefilet von allen Seiten anbraten. Anschließend das Filet bei 120° C im vorgeheizten Backofen ca. 25 Min. rosa garen. Zum Schluss den Küchengarn entfernen und genießen.

2 Den Spargel waschen und schälen. Anschließend mit den restlichen Zutaten im Wasser zum Kochen bringen und ca. 25 Min. sieden lassen.

3 Die Kartoffeln waschen und schälen. Mit einem Ausstecher (25 mm Durchmesser) runde Kugeln ausstechen. Wer keinen Ausstecher zur Hand hat, kann die Kartoffeln auch würfeln. Die Kartoffelkugeln im Wasser mit 5 g Salz ca. 15 Min. gar kochen. Die Butter in einer Pfanne erhitzen und die gekochten Kartoffelkugeln anrösten. Anschließend mit Salz und Muskat abschmecken.

4 Bärlauchstiele entfernen, den Bärlauch waschen und fein hacken. Pinienkerne in einer Pfanne hellbraun anrösten. Den geriebenen Parmesan, den Bärlauch sowie die gerösteten Pinienkerne mit etwas Meersalz aus der Mühle in einen Mixer geben und vermengen.

5 Das Schweinefilet schräg anschneiden und zusammen mit dem Spargel, den Muskatkartoffeln und dem Bärlauchpesto auf einem Teller anrichten.

Gasthaus in Uferlage

Die Seelounge am Augsburger Kuhsee war ein klassisches Ausflugslokal. Wirt Emal Zazai hat mehr daraus gemacht.

Beginnen wir mit einer Definition des Begriffs „Ausflugslokal". Ein Lokal also, zu dem Wanderer kommen und Touristen. Eines, das man mit Begriffen wie Sommerfrische und Freizeit verbindet, mit „draußen vor der Stadt". So – jetzt sind wir schon recht nah dran am Kuhsee, Augsburgs Nummer-eins-Ausflugsziel.

Das Restaurant allerdings, das sich dort ans Ufer schmiegt, ist mit dieser Beschreibung nur halb getroffen, was daran liegt, dass die Gäste eben nicht nur kommen, weil sie vom Tisch aus so gut Schwäne und Spaziergänger beobachten können. Wer in die Seelounge geht, will dort vor allem eines: gut essen. „Als wir das Lokal 2008 übernahmen, war uns bewusst, dass es in erster Linie ein Ausflugslokal ist", sagt Pächter Emal Zazai. Drei, vier Jahre arbeiteten er und sein Team deshalb daran, sich einen guten Ruf aufzubauen. Sie haben saniert, neue Gerichte auf die Karte genommen und hatten Erfolg: „Wir haben jetzt viele Hochzeiten hier, Firmen-Events und zu unserem Sonntagsbrunch kommen Leute bis aus Nürnberg und München." Trotzdem dreht sich hier eben doch vieles um Ausflügler. In der Seelounge zu arbeiten, heißt den Wetterbericht zu verfolgen. Verspricht dieser Sonne und Wärme, engagiert Zazai mehr Mitarbeiter als an kühlen Tagen. Das selbe gilt für einen sonnigen Wintertag: „Wenn der See zugefroren ist und Schlittschuhläufer und Eisstockschützen da sind, ist ein Tag am See für viele noch attraktiver als im Sommer."

Man kann gut und gern einige Stündchen verweilen in der Seelounge. Der Gast sitzt wie in einem Wintergarten und darf ganz ungeniert seine Neugier befriedigen: Der Blick über den See ist so weitschweifig, dass man Spaziergänger und Badende gut im Blick hat. Noch besser ist die Aussicht nur von der Terrasse. Die klassischen Kuhsee-Badegäste in Bikini und Badehose suche man in Sommer bei ihm vergeblich, sagt Zazai. Leute, die nur schnell Pommes oder ein Eis essen wollten, gingen an den Kiosk nebenan. „Dort findet sich eine andere Klientel als bei uns, was gut ist. So nimmt keiner dem anderen etwas weg."

Das Seelounge-Team legt Wert auf frische und regionale Produkte, die auf dem Teller auch gut aussehen. Den klassischen Schweinebraten und das Wiener Schnitzel gibt's ebenso, wie Fisch auf Champagnerschaum – und ein großes Angebot an Kuchen. So groß, wie nur in wenigen Restaurants. Das wird eben doch erwartet von einer Gastronomie in dieser Lage, nicht nur von den Ausflüglern. „Ein bisschen Sterne-Niveau in einem Ausflugslokal mitten im Wald" nennt Emal Zazai diese Mischung. Und kommt damit irgendwie doch wieder auf die Ursprünge der Seelounge zurück... *Nicole Prestle*

BESONDERHEITEN

Brunch jeden Sonn- und Feiertag von 10–14 Uhr, saisonale Gerichte

SEELOUNGE

- Regional, international
- Modern
- Fleischgerichte ab 11,80 € (Schweinebraten in Dunkelbiersoße mit Knödel und Krautsalat), Fisch ab 15,80 € (Forelle Müllerin)

- Oberländer Straße 106 a, 86163 Augsburg-Hochzoll Tel. 0821/61013, www.seelounge-kuhsee.de
- Täglich 10–24 Uhr, warme Küche von 11–22 Uhr, Reservierungen im Sommer ratsam, will man draußen sitzen, Oktober bis März ist montags zu
- Parkplätze am Kuhsee-Parkplatz, wenige Gehminuten entfernt

MM

Zanderfilet vom Grill

mit Safranschaum, dazu Grillgemüse und Salzkartoffeln

ZUTATEN FÜR 2 PERSONEN

2 Zanderfilets mit Haut, 4–5 mittelgroße Kartoffeln (festkochend), ½ Knoblauchzehe, etwas Olivenöl, Rosmarin, Salz, Pfeffer, ½ Aubergine, ½ Zucchini, ½ rote und gelbe Paprika, ½ rote Zwiebeln, ½ g Safranfäden, ca. 100 ml Fischfond

ZUBEREITUNGSZEIT

ca. 30 Minuten

1 Die Safranfäden in heißem Wasser aufweichen und in den Fischfond geben, diesen Fonds ca. 10 Min. einkochen lassen und anschließend mit Sahne und etwas Speisestärke abbinden.

2 Die Zanderfilets abwaschen und trocken tupfen. Die Haut diagonal leicht einschneiden. Die Kartoffeln schälen, in gleiche Stücke schneiden und in heißem Wasser ca. 15 Min. lang kochen.

3 In der Zwischenzeit das Gemüse waschen, putzen und in Würfel schneiden.

4 Die Zanderfilets auf der Fleischseite mit Rosmarin, Salz und Pfeffer würzen. Die Knoblauchzehe am Stück in eine heiße Pfanne geben, die Zanderfilets mit der Hautseite hineinlegen, die Temperatur reduzieren und ca. 6 Min. ohne zu wenden braten.

5 In der Zwischenzeit das Gemüse in einer weiteren Pfanne mit etwas Olivenöl anbraten und das Ganze mit Salz und Pfeffer nach Geschmack würzen. Nach den 6 Min. die Zanderfilets wenden und kurz auf der Hautseite anbraten.

6 Das Gemüse auf einen Teller anrichten, die fertigen Kartoffeln hinzu geben, zum Schluss die Zanderfilets darauf platzieren und mit der Safransoße übergießen.

Auszeit vom Alltag

Familie Müller führt in Kissing am Weitmannsee den „Seestern". Auch im Winter.

Streng genommen hat es Anita Müller ihrem Dackel zu verdanken, dass sie heute Gastwirtin ist. Bei den Spaziergängen mit „Poldi" wurde sie auf das Lokal aufmerksam, das direkt am Kissinger Weitmannsee liegt und über eine geräumige Sonnenterrasse verfügt. Sie knüpfte Kontakt mit dem Hausbesitzer und pachtete vor vier Jahren das Restaurant, das es bereits seit mehr als drei Jahrzehnten in dem Naherholungsgebiet im Landkreis Aichach-Friedberg gibt und heute „Seestern" heißt. Während Anita Müller als Gastronomin Neuland betrat, hat sie mit Ehemann Herbert, einem Metzgermeister, und Sohn Herbert, von Beruf Restaurant- und Hotelfachmann, zwei Profis an ihrer Seite. Die beiden Männer stehen in der Küche, die Wirtin führt in dem Lokal mit rund 60 Sitzplätzen Regie. Und sie tut es mit „sehr viel Herzblut" und Liebe zu ihren Gästen, die untertags vor allem aus Ausflüglern und Familien bestehen. Für die Kinder gibt es ein paar Extragerichte. „Wir gehen aber auch gerne auf Wünsche ein", betont Anita Müller. Die meisten Gäste dürften aber bei der umfangreichen Speisekarte fündig werden.

BESONDERHEITEN

Abends Pizza, Karte variiert, bald gibt es Wild

Neben frischem Fisch wie Dorade oder Zander, Kässpätzle und Salatvariationen werden Schnitzel, Steaks sowie Burger (unter anderem vom Angus-Rind) serviert. Auch wenn Herbert Müller senior heute nicht mehr selbst schlachtet, so achtet er doch auf qualitativ hochwertiges Fleisch aus der Region. Das ist auch bei den Wildgerichten der Fall. Abends kommen außerdem Pizza-Liebhaber auf ihre Kosten. Die runden Kreationen werden nicht im Ofen, sondern auf der Steinplatte gebacken. Während sich die Gäste auf der Terrasse bei Deftigem, Kaffee und Kuchen oder einem Eisbecher eine Auszeit vom Alltag gönnen, sind für die Müllers Zwölf-Stunden-Tage keine Seltenheit – und das nicht nur im Sommer, sondern das ganze Jahr über. „Im Winter ist der Weitmannsee ein richtiges Eislaufparadies", schwärmt die Wirtin. Und die Wanderer dürften sich über gut geräumte Fußwege freuen. Bis sich die Gastronomen über treue Stammgäste freuen konnten, mussten sie erst einmal hinlangen. „Wir haben vor vier Jahren bei unter null angefangen, eine neue Küche installiert, den Gastraum neu eingerichtet", erzählt die Wirtin. Stolz ist sie auf die großen Fenster, die im Inneren einen ungetrübten Blick auf den See ermöglichen – und auf ihre Servicekräfte, die den Familienbetrieb komplettieren. Dazu zählt auch Langhaardackel Poldi, mit dem Anita Müller nach wie vor ihre Runden am Weitmannsee dreht. Und wenn sich die Chefin des „Seestern" keine Pause gönnen kann, macht sich der Hund eben alleine auf den Weg. *Andrea Baumann*

SEESTERN AM WEITMANNSEE

- Bayerisch-mediterran
- Gepflegt-gediegen
- € Mittagsgerichte ab 5,90 €, Schweineschnitzel mit Pommes frites 7,90 € bis 9,50 €, Burger-Varianten von 7,40 bis 12,90 €, Scampi vom Grill, 14,90 €

- Lechauenstraße 27, 86438 Kissing
  Tel. 08233/2144383, www.seestern-kissing.de
- Mittwoch bis Montag ab 10 Uhr, ab Herbst abends nach Bedarf (vorher anrufen), Ruhetag Dienstag
- P Parken problemlos

See
Stern

Mit
Liebe
gebacken

WYS

Treberschnitzel

mit Röstkartoffeln

ZUTATEN FÜR 4 PERSONEN

4 Schnitzel à ca. 150 g vom Schwein (Oberschale oder Kotelett), Kümmel,Salz, Pfeffer, Semmelbrösel, Treber (erhältlich im Brauhaus), Butterschmalz, Kartoffeln (festkochend), 1 mittelgroße Zwiebel, 2 Eier, Petersilie, Mehl (zum Panieren)

ZUBEREITUNGSZEIT

ca. 30 Minuten

1 Die Schweineschnitzel klopfen, salzen, pfeffern und im Mehl wenden. Treber und Semmelbrösel im Verhältnis 1/1 in eine Schale geben. Das Ei in einem Teller verquirlen. Anschließend die gemehlten Schnitzel zunächst im Ei wenden, dann im Treber-Semmelbrösel-Gemisch und das Paniermehl gut andrücken. In der heißen Pfanne mit feinem Butterschmalz bei geringer Hitze goldgelb braten.

2 Die Zwiebel in kleine Würfel schneiden und in einer Pfanne glasig andünsten. Die Kartoffeln in Scheiben schneiden und ebenfalls in die Pfanne zu den Zwiebeln geben. Die Kartoffeln mit Salz, Pfeffer und etwas Kümmel würzen und unter gelegentlichem Wenden anrösten.

3 Die Kartoffeln mit frischer Petersilie bestreuen und neben dem Treberschnitzel auf einem Teller anrichten. Als zusätzliche Beilage passt auch ein gemischter Salat mit Himbeerdressing hervorragend zum Treberschnitzel.

KLEINER TIPP

Für das Himbeerdressing: Essig und Öl im Verhältnis 1/1 vermengen, pürierte Himbeeren hinzugeben und mit Salz und Pfeffer je nach Geschmack würzen. Die Himbeeren fangen sehr schön die Säure des Essigs ab.

Wirtshaus-Traditionen

Im Gasthaus Specht in Aichach hilft die ganze Familie mit. Auf der Karte steht, was bayerisch ist.

Was macht sie aus, die bayerische Wirtshaustradition? Im Gasthaus Specht in Aichach muss die Antwort zu finden sein. Immerhin hat der Freistaat den Wirtsleuten bestätigt, dass sie sich erfolgreich darum bemühen. Ordentlich gerahmt hängt die Urkunde im holzgetäfelten Gastraum. Dass sie schon ein paar Jahre alt ist, macht nichts. Traditionen ändern sich – wenn überhaupt – langsam. Fragen wir also Raimund Specht, der den Gasthof mit seiner Mutter Magdalena und seiner Tante Regina Specht führt. „Dass wir uns gut um unsere Gäste kümmern, dass wir sie hofieren", antworten sie spontan. Wer schon dort gegessen hat, der weiß, dass das stimmt: Im Specht wird man schnell bedient und freundlich, selbst wenn Hochbetrieb herrscht. 1898 übernahm Regina Spechts Großvater den Gasthof mitten in Aichach als Pächter. Um 1920 kaufte er Löwenbräu das Anwesen ab. Eine Zeit lang führten die Spechts noch selbst eine Brauerei. „Irgendwann haben wir das aufgegeben. Es hat sich nicht rentiert", sagt Regina Specht. Gasthof und angeschlossenes Hotel dagegen laufen gut. „Wir müssen keine Werbung machen. Firmen aus Aichach und der Region schicken uns Leute, im Lokal haben wir viele Stammgäste."

BESONDERHEITEN

Freitags gibt es „Bauernbratl" (Schweinebraten in Gemüse), Freitagfrüh Weißwürstl und Sonntag Spanferkel, jeden Tag Tageskarte mit verschiedenen Menü-Varianten

In den 1970ern entschieden die Spechts, das alte Gebäude abzureißen und im traditionellen Stil ein neues Gasthaus samt Fremdenzimmern zu bauen. Eine weitreichende Entscheidung, zu der die ganze Familie steht: „Wir müssen zusammenhelfen, sonst ist das nicht zu schaffen", sagt Magdalena Specht. In Aichach und in der Region ist das Gasthaus bekannt. Vom Maurer bis zum Manager kommen alle in der rustikalen Gaststube zusammen, Vereine und Parteien treffen sich beim Specht zu Veranstaltungen. Geöffnet ist von 7 bis 24 Uhr ohne Pause. „Die Leute wollen mittags was essen. Das können sie nur bei uns. Die Italiener und andere Lokale machen oft erst um fünf Uhr nachmittags auf", sagt Regina Specht. Auf der Speisekarte stehen beim Specht traditionelle bayerische Gerichte wie Schweinebraten („machen wir jeden Tag frisch") und Scheiterhaufen („mit Äpfeln aus dem Garten"). Fertigprodukte gibt es keine, „bis auf Pommes und Camembert kommt auch nichts in die Fritteuse". Soweit möglich, kaufen Spechts die Zutaten in der Region. „Ein Rentner pflanzt in seinem Kleingarten für uns sogar das Gemüse an." Raimund Specht steht jeden Tag ab fünf Uhr morgens am Herd. Auch das, sagt die Familie, gehöre eben zur guten bayerischen Wirtshaustradition: Es wird selbst gekocht und zwar das, was für die Region typisch ist. „Eine Pizza werden Sie bei uns nie bekommen", sagt Raimund Specht.

Nicole Prestle

GASTHAUS SPECHT

- Gutbürgerlich
- Rustikal
- Schnitzel Wiener Art 9 €, Tagesmenü ab 6,20 €

- Stadtplatz 43, 86551 Aichach
  Tel. 08251/8752-0, www.hotel-specht.de
- Montag bis Freitag 7–24 Uhr, Sonntags und Feiertag 8–14 Uhr, Reservierung sonntags und abends empfohlen, Samstag Ruhetag
- Parken im Stadtgebiet
- Ja

Ist der Pflug
im Ackerfeld

Gasthof
Specht
FREMDENZIMMER
P für Gäste, im Hof

Gasthof
Specht

WYS

Wildschweinbraten

in Wacholderrahmsoße mit Preiselbeeren,
Spätzle und Blaukraut

ZUTATEN FÜR 4–6 PERSONEN

BRATEN 1,5 kg Wildschweinbraten (von der Keule oder Schulter ohne Knochen), 200 g Röstgemüse (Zwiebel, Sellerie Karotten), 1 EL Tomatenmark, 2 EL Mehl, ½ l Rotwein, ½ l Brühe, Salz, Pfeffer, 1 TL Wacholderbeeren, 1 TL Thymian, 1 TL Rosmarin, 250 ml Sahne, Preiselbeeren

SPÄTZLE 500 g Mehl, 6 Eier, 200 ml Wasser, Salz, Muskat

BLAUKRAUT 1 kg Blaukraut, 50 g Entenfett (ersatzweise Butterschmalz), 1 mittelgroße Zwiebel, 3 Äpfel, 100 ml Rotwein, 100 ml Brühe, Salz, Essig, Zucker, Preiselbeeren, 1 Gewürznelke, 1 Lorbeerblatt, Wacholder, Pfefferkörner, 1 Zimtstange

ZUBEREITUNGSZEIT

ca. 2 Stunden

1 Das Fleisch mit Salz und Pfeffer würzen und mit etwas Butterschmalz in einem heißen Topf von allen Seiten scharf anbraten. Das Fleisch nach dem Anbraten aus dem Topf nehmen. Im Topf nun das gewaschene, geputzte und klein geschnittene Röstgemüse anbraten, das Tomatenmark ebenfalls kurz anrösten. Nun mit Mehl bestäuben und das Ganze mit Rotwein ablöschen. Das Gemüse mit Brühe aufgießen und die Gewürze Thymian, Wacholderbeeren sowie Rosmarin zugeben. Das Fleisch darin ca. 2–3 Std. schmoren lassen.

2 Das Fleisch nach dem Schmoren herausnehmen, die Sahne in den Schmorsud geben und mit Salz und Pfeffer abschmecken. Je nach Geschmack die Soße binden und bei Bedarf durch ein Sieb passieren. Das Mehl sieben und zusammen mit den Eiern, Wasser, Salz und Muskat zu einem glatten Teig vermengen bis dieser leicht Blasen schlägt.

3 Den Teig mit einem Spätzlehobel in kochendes Salzwasser hobeln und immer wieder umrühren, damit diese nicht zusammenkleben. Die Spätzle aufkochen lassen und mit einer Schaumkelle aus dem Wasser nehmen. Vor dem Servieren die Spätzle mit Butter in einer Pfanne anschwenken.

4 Das Blaukraut direkt in einen geeignet großen Topf hobeln, die Äpfel schälen, den Apfelstrunk entfernen und ebenfalls reiben. Die Zwiebel in feine Würfel schneiden und in den Topf geben. Den Rotwein, die Brühe, einen Schuss Essig, einen TL Salz, eine Prise Zucker und etwas Preiselbeeren in den Topf geben.

5 Die Nelke, das Lorbeerblatt, die Wacholderbeeren, die Pfefferkörner und die Zimtstange in einen Gewürzbeutel geben und ebenfalls in den Topf geben. Alle Zutaten im Topf vermengen und ca. ½ Stunde unter gelegentlichem Rühren weich kochen.

6 Zum Schluss die Spätzle, das Blaukraut und den Wildschweinbraten mit etwas Preiselbeeren auf einem Teller anrichten.

KLEINER TIPP

Das Röstgemüse öfter mit Rotwein ablöschen, so wird die Soße noch schmackhafter und richtig schön dunkel.

Er ist fit am Herd

Sein Großvater war der Platzwart, Jan Hunner steht jetzt in der Sportgaststätte Ottmaring am Herd. Die ist mehr als ein Vereinsheim.

Sein Großvater hütete als Platzwart den Rasen des Sportvereins. Jan Hunner, der im Nachbarort Rederzhausen aufwuchs, jagte dort dem Ball nach. Heute gehört er den Stockschützen an, sein Sportgerät ist aber vor allem der Herd. Als Pächter der Sportgaststätte Ottmaring verköstigt er nicht nur die fast 1000 Mitglieder, sondern auch Auswärtige. Es hat sich herumgesprochen, dass Jan Hunner eine Küche bietet, die weit über dem liegt, was man von einem Vereinsheim erwartet. Hunner lernte Koch bei Franz Fassl im Augsburger Hof. Bei seinen beruflichen Wanderjahren lernte er in der Schweiz seine Frau Nadine, eine gebürtige Bremerin, kennen. Während er längst wieder in der Heimat – etwa im Papageno in Augsburg – für Gaumenfreuden sorgte, folgte sie ihm später nach – und kochte im „Andechser" in Mering. Als im Sommer 2012 Pächter für die Sportgaststätte Ottmaring gesucht wurden, griff das Paar zu. „Wir wollten beide etwas Eigenes machen, ohne ein allzu großes Risiko einzugehen", begründet Jan Hunner die Wahl.

BESONDERHEITEN

Umfangreiche Kinderkarte, individuelle Menüs auf Bestellung und Aktionen wie Grünkohl-Essen

Der Verein sei gesund und das Lokal durch die langjährige Vorpächterin gut eingeführt gewesen. Trotz der soliden Ausgangsbasis bauten die neuen Pächter die Küche komplett um und renovierten zusammen mit dem Verein die Wirtsstube. Dort können sich die Gäste inmitten von Pokalen nach dem Training auf ein Bierchen niederlassen – oder sich Regionales und Außergewöhnliches schmecken lassen. Eine Karte mit familienfreundlichen Preisen und ebensolchen Gerichten ist für die Hunners, die selbst Eltern sind, ebenso wichtig, wie etwas Neues auszuprobieren. „Wir können uns hier komplett ausleben", sagt Nadine Hunner. Ihr Mann liefert das passende Beispiel: „Wer vorbestellt, kann bei uns auch ein Fünfgang-Fischmenü mit Jakobsmuscheln, Steinbeißer und Seeteufel bekommen." Kommt es da bei zwei ausgebildeten Küchenchefs nicht manchmal zu Kompetenzgerangel? „Ich kümmere mich schwerpunktmäßig um die Küche, meine Frau ist für Deko und Speisekarte verantwortlich und hilft mir", erklärt der Pächter. Die gemeinsame Handschrift („wir lassen uns beim Einkaufen inspirieren") trägt die Wochenkarte, die die Standardgerichte und Klassiker ergänzt. Im Service wurde von den Hunners darauf geachtet, dass vor allem Vereinsmitglieder angestellt werden. Und der nimmt manchmal, wenn das Lokal mit den rund 100 Plätzen voll belegt ist, sportliche Dimensionen an. Dass gerade an Feiertagen oder an Silvester Hochbetrieb herrscht, stört Jan Hunner nicht: Ich finde es ganz toll, mitzubekommen, wie entspannt und zufrieden die Gäste an diesen Tagen sind."

Andrea Baumann

SPORTGASTSTÄTTE OTTMARING

- Regional
- Gepflegt-rustikal
- € Kässpätzle mit Salat 6,90 €, Hähnchenbrust „Asiatisch" mit Basmatireis, Gemüse und Kokos-Curryschaum 9,80 €, Blattsalat mit Croutons, Speck und Pilzen 4,80 €

- Weilerweg 29 a, 86316 Friedberg-Ottmaring
  Tel. 0821/602818, www.sportheim.org
- Mittwoch bis Freitag 17 – 23 Uhr, Samstag 10 – 24 Uhr, Sonntag 9.30 – 22 Uhr, Ruhetag Montag und Dienstag
- P Parken beim Sportplatz

Sportgaststätte Ottmaring
Schaschlik mit Leber
oder
Schaschlik „Klassisch"
Dazu Servieren wir Pommes Frites oder Reis
6,50 € pro Portion

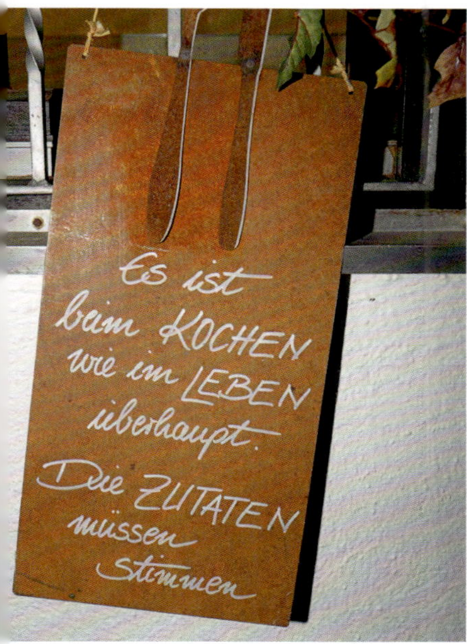
Es ist
beim KOCHEN
wie im LEBEN
überhaupt.
Die ZUTATEN
müssen
stimmen

WYS

Böfflamott

ZUTATEN FÜR 4 PERSONEN

1 Zwiebel, 100 g Knollensellerie, 2 Karotten, 1,5 kg Schaufelstück vom Rind, 1 l Rotwein, 250 ml Rotweinessig, 2 EL Öl, 1 EL Tomatenmark, 2 EL Weinbrand, ½ TL Pfefferkörner, 1 Lorbeerblatt, 1 Zimtstange, ½ TL Pimentkörner, 2 Anissterne, 4 Wacholderbeeren, ½ Knoblauchzehe, Salz, Zucker, 120 g Soßenkuchen

ZUBEREITUNGSZEIT

ca. 3 Std. (+3 Tage Ruhezeit)

1 Die Zwiebeln, Sellerie und die Karotten waschen, putzen, grob würfeln und zusammen mit dem Rotwein, dem Essig und dem Fleisch in einen großen Behälter geben.

2 Das Fleisch 3 Tage abgedeckt in der Marinade im Kühlschrank durchziehen lassen. Nach den 3 Tagen das Fleisch aus der Marinade nehmen, abtupfen und in einem Topf bei mittlerer Hitze von allen Seiten anbraten. Das Gemüse in ein Sieb geben und abtropfen lassen. Die restliche Marinade für später zur Seite stellen. Anschließend das Fleisch zur Seite stellen und das abgetropfte Gemüse im heißen Topf leicht anschwitzen, das Tomatenmark hinzugeben und nochmal kurz anschwitzen.

3 Das Gemüse nun mit dem Essig-Rotweinfond aufgießen, das Schaufelstück hinzugeben und bei geschlossenem Deckel ca. 2,5 Std. knapp unter dem Siedepunkt ziehen lassen. Ca. ½ Stunde vor Ende der Garzeit, die Pfefferkörner, das Lorbeerblatt, die Zimtstange, den Piment, die Wacholderbeeren, den Anis sowie die halbe Knoblauchzehe zum Fleisch geben.

4 Das Fleisch aus dem Fond nehmen sobald dieses weich und fertig gegart ist. Den Fond nochmals einkochen lassen. Nun mit Salz und Zucker abschmecken und bei Bedarf mit dem Soßenkuchen abbinden. Als Beilage zu unserem Böfflamott empfehlen wir Semmelknödel und Rahmkohlrabi.

KLEINER TIPP

Nach Belieben kann die Soße zusätzlich mit etwas Lebkuchengewürz verfeinert werden.

Tafeln im Felde

Der Brauereigasthof St. Afra lockt mit ausgefallenen Kreationen für Tagungsgäste und Ausflügler.

Wer hier im Schatten der Kastanien ein kühles Afra-Bier genießt, tut das auf historischem Boden – im doppelten Sinne: Hier im Südwesten Friedbergs wurde im Jahre 304 die heilige Afra als Märtyrerin verbrannt, weil sie dem christlichen Glauben nicht abschwor. Und wer sich zum Bier eine Rinderlende mit Parmesan-Polenta oder ein Schweinefilet im Tramezzini-Mantel munden lässt, darf sich zudem über eine bemerkenswerte Begebenheit der neuesten Geschichte freuen: Neben der Wallfahrtskirche St. Afra im Felde von 1712 haben Kirchenobere und Stadtväter den kompletten Neubau einer Hotelanlage samt Tagungssälen, Restaurant und Biergärten erlaubt. Ein Glücksfall für das Ehepaar Ufertinger – und für seine Gäste. Nicht nur, weil Gaststätten-Neubauten heutzutage absolute Ausnahmen sind. Sondern vor allem, weil die Idylle der Afra-Felder laue Sommerabende zum großen Genuss werden lässt. Wirt und Küchenchef Andreas Ufertinger und seine Frau Daniela, gelernte Hotelfachfrau, wissen das zu schätzen und zu nutzen. 2007 haben sie den Komplex an der Stelle des abgerissenen Mesnerhauses errichtet – bewusst im modernen Landhausstil, aber bewusst nicht als (Bier-)Gartenwirtschaft, sondern als (Hotel-)Gastronomie mit gehobenem Anspruch. „Die ‚Kombi' mit Natur und Wallfahrtskirche, das ist eine schöne Einheit", schwärmt der Chef. Dabei hat es den Oberbayern aus Teisendorf mehr oder minder durch Zufall nach Schwaben verschlagen: Zusammen mit seiner Frau hatte er schon Hotelprojekte in Weimar und Dresden gestemmt, als sie „zurück nach Bayern" wollten, um sich selbstständig zu machen: Erst mit dem „Herzog Ludwig" in Friedberg, jetzt mit dem Brauereigasthof St. Afra im Felde. Heute wissen die Ufertingers, dass ihr Tagungshotel für Geschäftsreisende und Seminarveranstalter zwischen Ulm und München optimal gelegen ist: „Wir sind praktisch ausgebucht." Das gilt auch für die Feste und Feiern: „Wir haben jedes Wochenende Hochzeiten." Und die Tagungsbesucher lernen es zu schätzen, dass sie sich abseits der Großstadthektik fortbilden können und dass der AOK-Walkingsparcours vor der Haustür liegt. Überhaupt ist Andreas Ufertinger um Attraktionen und Überraschungen bemüht: Zwar gibt es die deftige Biergarten-Brotzeitkarte. Dafür findet man den klassischen Braten auf der Restaurantkarte kaum. Denn die ist klein, wechselt alle paar Wochen und enthält ausgefallene Menükreationen. Was auch für die Dessert-Etagere gilt... Punkten will der quirlige Chef auch mit seinem Hausbier. Und das nächste Projekt steht schon: Auf der Streuobstwiese wird bald der „Rohstoff" für eine Schnapsbrennerei geerntet...

Markus Schwer

BESONDERHEITEN

Günstige Mittagsschmankerl in wechselnder Wochenkarte, Tagungshotel mit 28 Zimmern, Mehrere Säle und Zimmer für Feiern und Feste

BRAUEREIGASTHOF ST. AFRA

- Gehoben bayerisch und mediterran,
- Modern-ländlich
- Rinderlende mit Parmesan-Polenta 15,50 €, Rostbraten mit Bratkartoffeln 9,80 €. Biergarten-Brotzeiten

- Afrastraße 144, 86316 Friedberg, Anfahrt über Friedberger Südumgehung (Bressuire-Ring) Tel. 0821/6089150, www.sankt-afra.eu
- Montag ab 17 Uhr, Dienstag bis Samstag ab 11 Uhr, Sonntag 11 – 17 Uhr, Reservierung an Spitzentagen empfohlen
- Parkplätze ausreichend am Haus

MM

Gefüllte Fasanenbrust

mit Rahmsauerkraut und Bärlauchschupfnudeln

REZEPTZUTATEN FÜR 4 PERSONEN

4 St. Fasanenburst mit Haut, 200 g Kalbsbrät, 50 g Trockenpflaumen,
8 Scheiben Bauchspeck, Salz, Pfeffer

ZUBEREITUNGSZEIT
ca. 45 Minuten

1 Die Trockenpflaumen in feine Streifen scheiden und mit dem Kalbsbrät vermengen.
2 An der Fasanenbrust die Haut des Fleisches leicht anheben und die Pflaumen-Brät-Masse unter die Haut geben. Jetzt die Fasanenbrust mit dem Speck umwickeln. Das Ganze mit Salz und Pfeffer würzen.
3 Nun die Fasanenbrust in einer heißen Pfanne zusammen mit etwas Butterschmalz von allen Seiten scharf anbraten.
4 Nach dem Anbraten bei ca. 85°C Umluft im Backofen ca. 10 Min. garen. Als Beilage empfiehlt sich ein Rahmsauerkraut sowie Bärlauchschupfnudeln.

Viele kleine Teller für alle

Mit Mezédes pflegt das Ikaros in Pfersee auch die unbekanntere Variante griechischer Gastfreundschaft.

Wer wollte bestreiten, dass die Taverna Ikaros ein echtes Stück Augsburg ist? Schon der Namensgeber, Ikarus, die tragische Figur aus der Homerschen Sage, hat viel gemein mit dem Augsburger Flugpionier Salomon Idler. Anfang der 80er Jahre waren es Pioniere aus Hellas, die die mediterrane Küche rund um Bifteki, Giros und Suvlaki an Lech und Wertach brachten. Und heute spricht der Wirt bestes Augsburger Schwäbisch, quasi mit einem kleinen „Schönheitsfehler": „Ich bin ein geborener Bobinger..." Der Chef im Ikaros heißt Dimitrios Karvouniaris, ist in Bobingen als Kind von Gastarbeitern aufgewachsen, und er absolvierte eine Lehre als Elektroinstallateur. Er ging ins Land seiner Vorfahren zum Militärdienst, kam zurück, fand seine Liebe – zu seiner Frau Katerina, zum Kellnern und zum Kochen. In seine „zweite Lehre" ging Karvouniaris bei seiner Mutter Fani. Deshalb werde im Ikaros heute genauso gekocht wie bei den Eltern oder bei der Verwandtschaft daheim in der Hafenstadt Kavala am Golf von Thasos, östlich von Thessaloniki.

Wer nach dem Ouzo-Auftakt zur Speisekarte greift, hat also zwei Möglichkeiten: Er entscheidet sich für einen der gemischten Teller mit Fleisch oder Fisch plus Beilagen – den bekannten Klassiker. Oder er wählt, wenn er zu zweit, besser noch mit Familie, Freunden oder Geschäftspartnern einkehrt, die weniger bekannte Variante griechischer Gastfreundschaft – die Mezédes. Die deutsche Übersetzung „Appetithappen" – ähnlich den spanischen Tapas oder den italienischen Antipasti – aber trifft es nicht wirklich. Mezédes können problemlos den Hauptgang ersetzen: Es beginnt mit Gurken, Tomaten und Oliven, Auberginen, Paprika und Zucchini, es folgen Feta – Schafskäse in Variationen, Taramosalata (Fischrogensalat), Skordalia (Knoblauchpaste) und Ntolmatakia (gefüllte Weinblätter) – sodann Fleisch und Fisch. Und Beilagen wie Kartoffeln, Reis und Bohnen. Alles einzeln in Schüsselchen und auf vielen kleinen Tellern.

Alle Gäste greifen reihum zu. „Es ist wie ein Büfett auf dem Tisch", schwärmt der Wirt und betont, wie kommunikativ Mezédes-Essen ist. Egal, ob mittags oder abends. Und satt wird man auch – von wegen Appetithappen. Im Ikaros hat das noch zwei besondere Aspekte: Zum einen lockt das Lokal im Schatten der Pferseer Herz-Jesu-Kirche in den Garten unter einer großen Kastanie. Zum anderen legt Karvouniaris „großen Wert auf guten Wein", weshalb die Weinfeste und Verkostungen ihre Fans über den Stadtteil hinaus gefunden hätten. Kein Wunder, wenn der leichte, fruchtige Weißwein „Air" als die „feine Brise aus Griechenland" durch Augsburg weht.

Markus Schwer

BESONDERHEITEN

Weinfeste, Verkostungen, Livemusik-Abende, Feiern, Essen zu zweit: „Sagapo – Ich liebe dich".

TAVERNA IKAROS

- Griechisch
- Modern gepflegt
- Gyros 10,90 €, Lammkotelett 18,90 €, Calamari vom Grill ab 14,90 €, vegetarisch: Reisnudeln überbacken 6,90 €

- Sigmundstraße 3, 86157 Augsburg-Pfersee Tel. 0821/525253, www.taverna-ikaros.com
- 11.30–14 Uhr und 17.30–24 Uhr, Reservierung abends unbedingt, Montag Ruhetag
- P Tagsüber schwierig, abends in der Umgebung
- H Augsburger Straße/Herz Jesu

Zeus Teller
6,90 €
Moussaka
Auberginen, Hackfleisch,
6,50 €

MM

Tarama

ZUTATEN FÜR 10 PERSONEN

5 getrocknete Weißbrote, 250 g griechisches Fischroggenmus,
½ Zitrone (unbehandelt), 250 ml Olivenöl, 2 mittelgroße Zwiebeln

ZUBEREITUNGSZEIT

ca. 20 Minuten

1 Das Weißbrot ca. 10 Min in Wasser einweichen. Anschließend mit einem doppelt gefalteten Küchentuch ausdrücken und in eine Schüssel geben.

2 Nun das Fischroggenmus hinzugeben und mit einem Rührgerät verquirlen, währenddessen nach und nach den Saft der Zitrone zugeben.

3 Das Olivenöl anschließend portionsweise zur Masse hinzugeben.

4 Die Zwiebeln in kleine, feine Würfel schneiden und alles so lange vermengen bis eine cremige homogene Masse entsteht. Wir empfehlen dazu frisches Weißbrot.

KLEINER TIPP

*Zusammen mit Tsatsiki, Feta,
Carli Paprika, Oliven und Peperoni entsteht
eine leckere Vorspeisenplatte.*

So viel, so gut

Die Untere Mühle in Schwabmühlhausen ist ein Familienbetrieb mit besonderem „Rezept". Dazu gehört auch eine Hexenküche.

Hätte man 1964 Herbert und Gertrud Biechele erzählt, was aus ihrer gerade erworbenen alten Mühle in Schwabmühlhausen einmal entstehen würde, die beiden hätten einen höchstwahrscheinlich für verrückt erklärt. Ein Tagungshotel mit 36 Zimmern, ein Restaurant mit 280 Plätzen, 55 Festangestellte, eine Hexenküche und viele Stammgäste – das hätte damals beim Anblick des alten Hofes nach einer Utopie geklungen. Doch genau das haben Biecheles in 50 Jahren zusammen mit ihren Kindern und inzwischen auch Enkelkindern an der Singold aufgebaut. Die Untere Mühle ist heute ein großer Betrieb mit familiärem Charme.

Die Geschichte vom kontinuierlichen Wachstum zeigt sich auch in den Gasträumen. Immer wieder haben Biecheles ihr 1978 eröffnetes Restaurant erweitert, einen Anbau drangesetzt. Inzwischen gibt es zwölf Speisezimmer – viele Gäste kommen auch wegen dieser gemütlichen, leicht verwinkelten Atmosphäre. In erster Linie aber ist die Untere Mühle für ihre gute Küche, die großen Portionen zu nicht großem Preis bekannt. Wenn es ganz besonders gut geschmeckt hat oder die Portion doch zu klein gewesen ist, gibt es sogar einen Nachschlag.

Ein Alleinstellungsmerkmal in der Region haben sich Biecheles in den vergangenen zwölf Jahren erarbeitet: die „Hexenküche", in der sie pro Woche durchschnittlich vier Buffets und zusätzlich andere Aktionen anbieten. Die Köche bereiten vor den Augen der Gäste sogar peruanische und äthiopische Gerichte zu. „Die Hexenküche hat eingeschlagen wie eine Bombe", sagt Herbert Biechele junior, der 1996 den Betrieb von seinen Eltern übernahm. Außer montags steht an jedem Abend in der Woche ein anderes kulinarisches Motto im Aktionskalender „Januar bis Juni 2014". Die Flyer dazu verteilt der Chef höchstselbst in der Region und freut sich riesig, wenn seine „Untere Mühle" sogar in kleinen Orten des Nachbarlandkreises bekannt ist und Leute ihn auf das gute Essen ansprechen. Das hat sich nämlich längst herumgesprochen.

„Qualität, Quantität und der Preis müssen in einem ordentlichen Verhältnis zueinanderstehen. Und der Spaß darf auch nicht zu kurz kommen", sagt Vollblutgastwirt Biechele. Er geht gerne durch das Restaurant, spricht mit Gästen oder steht als gelernter Koch auch ab und zu in der Küche, in der inzwischen sein Sohn Alexander und Stefan Wagner das Sagen haben. Seine Tochter Julia kümmert sich zusammen mit seiner Frau Heike um Personal, Service, Büro und um die liebevolle Dekoration. Und auch Herbert Biechele senior werkelt draußen noch fleißig mit. Die Geschichte der Unteren Mühle geht weiter. „Hier ist immer was los", sagt Herbert Biechele junior. *Lea Thies*

BESONDERHEITEN

Neben den À-la-carte-Gerichten gibt es den Aktionskalender mit wechselnden Angeboten (vorher reservieren) wie Hummeressen, Italienisches Buffet, Wildbuffet, Romantische Nacht, zwei große Terrassen

UNTERE MÜHLE

- Gutbürgerlich
- Gemütlich rustikal
- Zwiebelrostbraten mit Spätzle 16,90 €, gebratene Forelle 15,90 €

- Untere Mühle 1, 86853 Schwabmühlhausen Tel. 08248/1210, www.unteremuehle.de
- Montag bis Samstag 11.30 – 14 Uhr und 17.30 – 24 Uhr, Sonn- und Feiertag 11.30 – 23 Uhr
- Parken vor dem Haus
- Ja

Untere Mühle

WYS

Rehmedaillons

mit Pfefferkirschen, Rosenkohl
und geräucherten Spätzle

ZUTATEN FÜR 4 PERSONEN

MEDAILLONS 800 g ausgelösten Rehrücken
SOSSE 100 g Zucker, 500 ml Traubensaft, 250 g Sauerkirschen, 6 cl Kirschlikör, 20 g grünen Pfeffer in Lake, 100 ml Balsamico Crema
GEMÜSE 400 g Rosenkohl, Speck und Zwiebeln nach Geschmack
SPÄTZLE 250 g Mehl, 4 Eier, 1 Prise Salz

ZUBEREITUNGSZEIT
ca. 1,5 Stunden

1 Die Silberhaut vom Rehrücken abziehen. Den Rehrücken in der Pfanne von allen Seiten scharf anbraten, dann mit Salz und Pfeffer würzen. Im Backofen bei 120° C ca. 10 Min. ziehen lassen.

2 In einer heißen Pfanne den Zucker karamellisieren und diesen anschließend mit Traubensaft und Kirschlikör ablöschen. Die Sauerkirschen, den grünen Pfeffer und die Balsamico Crema dazugeben. Zum Schluss mit etwas Speisestärke zu einer sämigen Soße abbinden.

3 Nun das Mehl, die Eier und Salz vermengen und einen glatten Spätzleteig herstellen.

4 Anschließend einen Dampfdrucktopf mit 3 EL Räuchermehl befüllen und auf den Herd stellen bis es raucht, danach den Topf vom Herd nehmen. Die Spätzle in ein Sieb geben und in den Topf hängen. Mit dem Deckel den Topf verschließen und 1 Std. ziehen lassen. Nach dem Räuchern die Spätzle in Butter schwenken und nach Geschmack abschmecken.

5 Die Strünke des Rosenkohl kreuzweise einschneiden, putzen, waschen und anschließend in kochendem Salzwasser ca. 10 Min. bissfest garen. Nun den Speck sowie die Zwiebeln fein würfeln und zusammen mit dem fertigen Rosenkohl in einer heißen Pfanne kurz schwenken.

6 Zum Schluss die Rehmedaillons zusammen mit den Spätzle, den Pfefferkirschen und dem Rosenkohl auf einem vorgewärmten Teller anrichten.

Geheimtipp in der Tennishalle

Das Restaurant Val Venosta von Familie Wünschig in Haunstetten hat viele Fans.

Eine Tennishalle? Darin vermutet man eigentlich kein tolles Restaurant. Aber Leser der Augsburger Allgemeinen haben sich mit den Empfehlungen schier überschlagen. Und wirklich: Wer das Val Venosta im TBS Wünschig in Haunstetten findet, ist positiv überrascht. Unter Pizza-Fans gilt es als Geheimtipp.

Erst einmal geht es also durch den Sportbereich, vorbei an den Badmintonplätzen, vorbei am Empfang und der dortigen Bar, durch eine Glastür hindurch und einen kurzen Gang entlang – und schon sieht die Welt ganz anders aus. Das Restaurant Val Venosta wirkt wie eine kulinarische Oase. Und dass es hier authentisches italienisches Essen gibt, das signalisiert gleich das Padre-Pio-Bild an der Wand neben der Theke. Der Schutzpatron für Familie und Geschäft, der in Italien in vielen Lokalen hängt. „Das war ein Geschenk unseres Pizzabäckers", sagt Stefan Wünschig. Aber das Bild passt gut zu seinem Lokal.

2010 haben er und seine Frau Daniela das Restaurant in der Tennishalle seines Vaters Max Wünschig eröffnet. Weil sie Südtirol-Fans sind, war sofort klar, dass sie dort Spezialitäten aus dieser Region anbieten möchten. Daher auch der Name Val Venosta – die italienische Bezeichnung für den Vinschgau gefiel ihnen besser als zum Beispiel „Da Stefano". Die Inneneinrichtung haben sich die Wünschigs ausgedacht. Und auch die Karte. „Wir machen vernünftige Preise, damit man auch mit der Familie herkommen kann", sagt Familienvater Wünschig. Weil sie bei der Qualität der Waren keine Abstriche machen möchten, verzichten sie lieber auf Stoffservietten und -tischdecken.

BESONDERHEITEN

Sonntags Brunchbuffet ab 10 Uhr (Reservierung empfohlen), Mittagstisch, große Sonnenterrasse, Minigolf, Aktionen wie Spanferkelessen

Die Gäste mögen das lockere Ambiente des Val Venosta. Und besonders den freundlichen Service. „Wir wollen kein abgehobenes Restaurant", sagt Stefan Wünschig und seine Frau ergänzt lächelnd: „Jeans ist bei uns Dresscode." Die Küche kann aber auch gehoben. Stefan Wünschig hat Markus Böttcher, seinen ehemaligen Ausbilder vom Augsburger Hof, als Küchenchef ins Val Venosta geholt. Auf Wunsch gibt es sogar Hummer. Aber die meisten Gäste schwärmen für die Pizza. Das Rezept hat sich Wünschig bei einem Pizzameister in Italien besorgt. Zubereitet wird der Fladen von einem ausgebildeten Pizzabäcker aus Neapel. Ansonsten ist das Val Venosta ein Familienbetrieb. Wünschig und seine Frau schmeißen den Laden und organisieren das Personal. Vater Max fährt einkaufen oder zapft auch mal, wenn viel los ist. Ebenso die Schwiegereltern, die auch gerne auf den kleinen Jonas aufpassen. Der Bub kocht schon für sein Leben gern. Aus einem Karton hat er sich einen Pizzaofen gebastelt. Wer weiß, vielleicht übernimmt er ja irgendwann auch mal den großen im Val Venosta.

Lea Thies

VAL VENOSTA

- Italienisch, südtirolerisch und deutsch
- Modern gemütlich
- € Mittagstisch 6,50 €, Pizza ab 5,40 €, Schlutzkrapfen 7,90 €, Fleischgerichte ab 9,90 €, Wein ab 3,40 €

- Inninger Straße 100, 86179 Augsburg-Haunstetten
  Tel. 0821/4556561, www.valvenosta.de
- Dienstag bis Samstag 12–14 und von 17–24 Uhr, Sonn- und Feiertag 12–24 Uhr (warme Küche bis 23 Uhr), Ruhetag Montag
- P Parken vor dem Haus
- H Inninger Straße

Farbe: kräftig rubinrot
Geruch: blumiger Duft mit Noten an reifen Früchten
Geschmack: weinig, weich und lang anhaltend im Abgang
Empfehlung: zu Nudelgerichten, dunklem Fleisch vom Grill Wild und Käse
0,75 l – 25,90 €

val VENOSTA
PIZZA E PASTA

WYS

Südtiroler Schlutzkrapfen

ZUTATEN FÜR 4 PERSONEN

TEIG 150 g Roggenmehl, 100 g Weizenmehl, 1 Ei, 50–60 ml lauwarmes Wasser, Salz, Pfeffer, 1 EL Öl
FÜLLUNG ca. 300 g blanchierter Spinat,
50 g Zwiebel, 1 kl. Knoblauchzehe, 100 g Ricotta, 1 EL Butter, 1 EL Parmesan,
1 EL Schnittlauch, Salz, Pfeffer, Muskat (gemahlen)
WEITERES 1 EL Schnittlauch, 2 EL Parmesan, 1 Tomate, 100 g Butter, 2 Eigelb zum Bestreichen

ZUBEREITUNGSZEIT
ca. 1 Stunde (+ 30 Minuten Ruhezeit)

1 Für den Teig beide Mehlsorten mit Wasser, Öl und den Gewürzen mischen und zu einem geschmeidigen Teig kneten. Den Teig zugedeckt ca. 30 Min. ruhen lassen.
2 Für die Füllung den Spinat fein hacken. Die Zwiebeln in feine Würfel schneiden, den Knoblauch fein hacken. Nun die Zwiebeln und den Knoblauch in Butter dünsten, Spinat zugeben und mit Salz, Pfeffer und Muskat würzen. Anschließend etwas abkühlen lassen. In einer Schüssel nun den Spinat mit Ricotta, geriebenem Parmesan und fein geschnittenem Schnittlauch vermengen.
3 Den Teig mit einem Nudelholz dünn ausrollen. Mit einem runden Ausstecher (kleines Wasserglas) Kreise ausstechen. Die Teigkreise mit Eigelb bestreichen. Die Füllung mit einem Löffel in die Mitte setzen. Man kann auch einen Spritzbeutel nehmen. Nun den Teig halbmondförmig zusammenfalten und mit einer kleinen Gabel die Ränder andrücken. Die Schlutzkrapfen in Salzwasser für ca. 3–4 Min. kochen. Mit einer Schaumkelle herausnehmen und in einem Teller anrichten. Mit geriebenem Parmesankäse und Schnittlauch bestreuen.
4 Die Tomaten in feine Würfel schneiden. Butter schmelzen und die Tomatenwürfel zur Butter geben und kurz darin schwenken.
5 Zum Schluss die Tomaten über die Schlutzkrapfen geben und servieren.

Das Wirtshaus am Lech

Einst kam in das Restaurant, wer bei MAN arbeitete. Viele Stammgäste erinnern sich noch an alte Zeiten.

Es gab Zeiten, da war in Augsburg vieles anders, aber das Wirtshaus am Lech – es stand schon da. In den Werkswohnungen entlang des Flusses lebten die Familien der MAN-Angestellten und zur Fabrik am anderen Ufer führte nur ein schmaler Steg. Auswärts essen leistete man sich nur zu besonderen Anlässen. Davon abgesehen wurde der Lohn, den der Vater nach Hause brachte, eisern gespart. Heute ist die Brücke über den Lech vierspurig, die Wohnungen an der Dr.-Otto-Meyer-Straße hat MAN längst verkauft. Das Wirtshaus am Lech aber – es steht noch immer und viele, die jetzt dort essen, erinnern sich bei Bier und Schnitzel an die alten Zeiten im „Schatten" der Fabrik. Selbst gestandene Wirtsleut' wie Elisabeth und Jürgen Raila können dann noch Neues erfahren über ihr Lokal. Früher gehörte es...? Genau: der MAN. Es hieß „Stadt Bourges", davor „Lechau". Als Familie Raila vor 20 Jahren als Pächter einstieg, entschieden sie sich für einen naheliegenden Namen, den sie bis heute behielten. Überhaupt ist das Wirtshaus am Lech verlässlich: Die Speisekarte ist seit jeher bayerisch-schwäbisch, ein kulinarischer Richtungswechsel wäre schon aufgrund der Gäste nicht denkbar: Um die 50 Jahre alt sind die treuesten und sie bevorzugen eindeutig regionale Küche. „Es gibt welche, die kommen seit Jahren immer wieder wegen eines einzigen Gerichtes. Der eine mag dies, der andere das", sagt Elisabeth Raila. Nur Klassiker also auf dem Menüblatt – keiner davon verzichtbar.

BESONDERHEITEN

Biergarten, einsehbare Küche, verschiedene Gasträume, Wochen-, Mittags- und Nachmittagskarte

Trotzdem hat sich auch etwas verändert in all den Jahren. Etwas, sagt Elisabeth Raila, das zum einen wieder mit der MAN zu tun hat, denn seit das Unternehmen eine eigene Kantine hat, kommen mittags seltener Mitarbeiter über den Lech ins Wirtshaus. Zum anderen nehmen sich die Menschen heutzutage nicht mehr so viel Zeit für einen Ausflug ins Restaurant: „Da wird gegessen, gezahlt und gegangen. Dass die Leute sitzen bleiben und noch ein zweites, drittes Getränk nehmen, das ist selten geworden. Es wird halt auch heute wieder gespart." Elisabeth und Jürgen Raila sehen trotzdem eine Zukunft in der Gastronomie. Deshalb haben sie das Haus vor einigen Jahren gekauft und saniert. Einige Wohnungen wurden vermietet, auch die Wirtsfamilie lebt am Lech – mit direktem Blick auf die MAN und darüber hinaus.
Seit einiger Zeit deutet sich außerdem an, dass Sohn David (20), ein gelernter Koch, und Tochter Daniela (23), Absolventin der Hotelfachschule, das Geschäft ihrer Eltern irgendwann übernehmen. Eines ist damit schon ziemlich sicher: Das Wirtshaus am Lech – es wird auch in zehn, zwanzig Jahren noch stehen... *Nicole Prestle*

WIRTSHAUS AM LECH

- Gutbürgerlich
- Gemütlich, bayerisch
- Hauptspeisen mittags ab 6,20 €, Wiener Schnitzel (Kalb): 17,50 €

- Leipziger Straße 50, 86169 Augsburg-Lechhausen Tel. 0821/707074, www.wirtshaus-amlech.de
- Täglich 11–23 Uhr, Sonntag 11–22 Uhr, Reservierung nur bei größeren Gesellschaften nötig, Ruhetag Donnerstag
- Parkplätze vor dem Haus

MM

Gefüllte Kalbsbrust

mit Natursoß'

ZUTATEN FÜR 6 – 8 PERSONEN

KALBSBRUST ca. 2 kg Kalbsbrust, 500 g Kalbsknochen (klein gehackt), 200 g Sellerie, 200 g Karotten, 300 g Zwiebel, 2 EL Tomatenmark, 250 ml Rotwein, 750 ml Geflügelbrühe, 2 Gewürznelken, 1 Lorbeerblatt, 4 Wacholderbeeren, 10 Pfefferkörner, 2 Knoblauchzehen, 1 Thymianzweig, 1 Rosmarinzweig, 1 Zitronenschale (unbehandelt), 1 TL Stärkemehl
FÜLLUNG 500 g Kalbsbrät, 6 Scheiben Toastbrot, 30 g Butter, 2 Eier, 100 ml Sahne, 2 EL frische Petersilie, ½ TL Zitronenschale, Salz, Pfeffer aus der Mühle, Muskatnuss

ZUBEREITUNGSZEIT
ca. 3 Stunden

1 Die Toastbrotscheiben würfeln und in etwas Butter zu Croutons rösten. In das Kalbsbrät nacheinnander Eier, Sahne, die geriebene Zitronenschale und fein gehackte Petersilie geben. Die abgekühlten Croutons unterheben, mit Salz, Pfeffer und Muskat abschmecken.

2 In die Kalbsbrust vorsichtig eine Tasche einschneiden, innen würzen und die Füllung in die Brust drücken. Mit Küchengarn zunähen und in einer großen Pfanne beidseitig hellbraun anbraten.

3 Die Kalbsknochen und das Gemüse in Öl anrösten, das Tomatenmark zugeben und weiterrösten bis es leicht ansetzt. Mit einem Drittel des Rotweines ablöschen und reduzieren lassen bis es wieder leicht ansetzt. Das Ganze zweimal wiederholen bis der Wein weg ist. Mit der Brühe aufgießen, die Gewürze zugeben und vom Topf loskochen. Die angebratene Kalbsbrust darauflegen und im vorgeheizten Ofen bei 150° C ca. 3 Std. schmoren lassen. Gelegentlich mit dem Fond übergießen. Nach ca 2,5 Std. den in Scheiben geschnittenen Knoblauch, die Zitronenschale und die frischen Kräuter zugeben.

4 Die Brust aus dem Topf nehmen und warm stellen. Die Speisestärke mit kaltem Wasser anrühren, die passierte Soße leicht binden und noch abschmecken. Die Kalbsbrust aufschneiden und auf der Soße anrichten. Wir servieren dazu eine Salatplatte.

Erst Frühschoppen, später Cocktails

Der Adler in Mittelneufnach wird seit über 100 Jahren von einer Familie geführt. Und geht doch immer mit der Zeit.

Draußen, vor dem Eingang, hing zuletzt ein Transparent. „100 Jahre Gasthof Adler" stand drauf – in großen, schwarzen Buchstaben. „Damals, 1913, hat mein Urgroßvater das Anwesen gekauft", sagt Frank Zott. Ein Gasthaus war der „Adler" zu dieser Zeit schon, erstmals erwähnt wurde er im 14. Jahrhundert. Zotts Urgroßvater beschloss, die Tradition weiterzuführen.

Und so ist es in der Familie bis heute geblieben. 2009 haben Frank Zott (39) und seine Frau Jasmin den Adler übernommen. Er ist eine traditionelle Dorfgastwirtschaft und allein die Lage sagt viel darüber aus, welche Gebäude in einem so kleinen Ort einst wichtig waren: Der Adler „sitzt" oben auf einem Berg, gleich neben Kirche und Pfarrhaus. Im Gegensatz zu manch anderem Landgasthof haben sich im Adler auch Traditionen gehalten: „Bei uns sitzen die Männer noch regelmäßig zum Frühschoppen zusammen", sagt Frank Zott. Die Kartler und Stammtischler aber, die seien im Lauf der Jahre abgewandert in die Vereinsheime. Zott und seine Frau haben viel in das Anwesen investiert, um diesem Wandel entgegenzuwirken: Im früheren Bierkeller haben sie das M86 eingerichtet, eine Cocktailbar. „Ich wollte die jungen Leute haben", sagt Zott.

Nach einem langen Tag am Herd des „Adler" steigt der Küchenmeister hinunter in den Keller, um Cocktails zu mixen. Das schafft Nähe zu den Gästen. „Von denen, die abends an der Bar stehen, kenne ich eigentlich alle." Auch oben, im Gasthof, finden sich viele Stammgäste ein. Weil sie gewisse Erwartungen an den Adler haben, hat Frank Zott wenig verändert, als er einstieg. „Die Staudenpfanne zum Beispiel ist bei uns ein Klassiker. Das Gericht könnte ich nie von der Karte nehmen." Aber mit saisonalen Produkten lasse sich dann doch viel variieren. Der Adler liegt mitten im Naturpark Westliche Wälder, was Familie Zott zahlreiche Ausflügler beschert. Die könnten, wenn sie wollen, auch in einer der Ferienwohnungen oder -zimmer nächtigen. „Wir liegen außerdem am Staudenmeditationsweg und am Besinnungsweg", sagt Zott. Solche Kooperationen sind wichtig, um neue Gäste anzusprechen. Deshalb hat sich der Adler-Wirt auch dem Verbund schwäbischer Kartoffelwirte angeschlossen. Überhaupt ist ihm die Regionalität wichtig – ob es nun um Vermarktung geht oder darum, bei den Produkten auf die Herkunft zu achten. Der Apfelsaft, der im Adler ausgeschenkt wird, stammt zum Beispiel aus den Stauden. „Er ist teurer als ein anderer, dafür schmeckt er aber besser", sagt Zott. Das seien Kleinigkeiten. Vielleicht ist es aber auch das Rezept für die nächsten hundert Jahre...

Nicole Prestle

BESONDERHEITEN

Immer wieder Aktionen wie Enten- und Garnelenessen, italienisches Buffet, Kartoffel-Kräuter-Küche

GASTHOF ZUM ADLER

- Gehoben bayerisch-schwäbisch
- Moderner Landhausstil
- € Schweineschnitzel Wiener Art mit Pommes und Salat 9,50 €, Zwiebelrostbraten 14,90 €

- Kirchweg 2, 86868 Mittelneufnach
  Tel. 08262/96030, www.adler-zott.de
- Dienstag bis Donnerstag von 10–14 und 18–23 Uhr, Freitag ab 18 Uhr, Samstag und Sonntag ab 10 Uhr, Reservierung an Wochenenden und Feiertagen empfohlen, Montag Ruhetag
- P Parken vor dem Haus
- Ja

M
1886
Gasthof
zum Adler
COCKTAILBAR
Gasthof
zum Adler

Gasthof zum Adler

Lammrücken

mit Bärlauchkruste auf Rahmpolenta dazu Speckbohnen

ZUTATEN FÜR 4 PERSONEN

LAMMRÜCKEN 800g Lammrücken, 2 Zweige Rosmarin, 2 Zweige Thymian, 1 Knoblauchzehe
BÄRLAUCHKRUSTE 50 g Butter, 60 g Toastbrot, 10 g Bärlauch
SPECKBOHNEN 500 g Bohnen, 1 Zwiebel,
75 g Speckwürfel, 4 g Bohnenkraut, 5 g Butter, Salz, Pfeffer
RAHMPOLENTA 200 g Polenta (Maisgrieß), 260 ml Sahne,
260 ml Milch, 260 ml Wasser, 2 Zweige Thymian, 2 Zweige Rosmarin, 1 Lorbeerblatt,
1 Prise Salz, 1 Prise Pfeffer, 1 Prise Muskat, 1 Prise Kümmel (gemahlen)

ZUBEREITUNGSZEIT

ca. 45 Minuten (+ 1 Tag Ruhezeit)

1 Den Lammrücken am Vortag mit Knoblauchscheiben, Thymian- und Rosmarinzweigen in einem geschlossenen Gefäß einlegen, mit Olivenöl bedecken und kühl stellen. Für die Kruste das Toastbrot von der Rinde befreien und zerbröseln.

2 Den Bärlauch in feine Streifen schneiden und mit den Bröseln und dem Butter vermengen. Zu einer Rolle formen und im Kühlschrank fest werden lassen.

3 Nach einem Tag den Lammrücken aus der Marinade nehmen, mit etwas Salz und Pfeffer würzen. Nun in einer heißen Pfanne von beiden Seiten scharf anbraten.

4 Währenddessen die vorbereitete Bärlauchkruste in vier Scheiben schneiden und diese auf den Lammrücken geben und im vorgeheizten Backofen bei 230° C Oberhitze überbacken.

5 Für die Rahmpolenta Sahne, Milch, Wasser und die Kräuter sowie Gewürze in einem Topf aufkochen. Anschließend den Maisgrieß zugeben und 5 Min. unter Rühren köcheln lassen. Nun die Bohnen putzen und deren Stielansätze entfernen, die Zwiebel schälen und in feine Würfel schneiden. Das Bohnenkraut sehr fein hacken.

6 In kochendem Salzwasser die Bohnen bissfest blanchieren (ca. 8–10 Min.) Die Zwiebel würfeln und in einer Pfanne mit Butter glasig anschwitzen, den Speck zugeben und ebenfalls anrösten. Die fertig gekochten Bohnen mit in die Pfanne geben und mit Salz, Pfeffer und Bohnenkraut je nach Geschmack würzen.

KLEINER TIPP

Wer keinen Bärlauch mag, kann diesen in der Kruste durch beliebige Kräuter ersetzen.

Viel Platz(er) zum Feiern

Beim „Schwarzen Reiter" in Horgau legt man viel Wert auf eine lange Metzger- und Koch-Tradition.

Unterhalten sich zwei Augsburger: „Wo warsch du im Urlaub?" – „In Horgau." Das klingt wie ein Witz, ist aber keiner: Es werden immer mehr Menschen aus der Augsburger oder Ulmer Gegend, die Brigitte und Martin Platzer in ihrem Hotel Zum Schwarzen Reiter übers Wochenende begrüßen:
„Man muss nicht weit fahren. Und ist trotzdem weit weg vom Alltag." Das hat seinen Grund: Im Haus der Sinne bieten die Platzers ein Wellness-Wohlfühl-Konzept mit den vier Elementen Feuer, Luft, Wasser und Erde. Der Schwarze Reiter (oder Gasthof Platzer) liegt an der einstigen Haupt(kutsch)straße von Augsburg nach Ulm. Immer schon machten hier Reisende Halt, um sich zu stärken oder zu nächtigen. Über 7000 Quadratmeter umfasst das Areal, auf dem es neben der Gaststätte früher auch eine Landwirtschaft gab. Ein Bildstock erinnert an den preußischen Husaren Georg Platzer, den schwarzen Reiter, der hier 1763 einen gefürchteten Räuber fesselte, nach Augsburg übergab und mit dem Lösegeld die Taverne erwarb und sein Lieschen heiratete. Seitdem ist der Platz in der Familienhand der Platzers, die die Tradition der Vergangenheit als Auftrag für die Zukunft verstehen: Als Flairhotel akquiriert man heute die „fahrenden" Gäste: Tagungsräume machen Seminare und Fortbildung möglich. Und mancher Teilnehmer sei später mit Frau wiedergekommen ins Wellness-Haus... Oder zum Heiraten: Denn der Platzer hat viel Platz für große Feste und Familienfeiern. Auftakt im Aperitif-Garten, Bankett und Tanz im Saal sowie das Brautverziehen ins „G'wölb" – das ist das Ergebnis einer individuellen Betreuung der Gäste, nach deren Wünschen Ehefrau Brigitte die Feiern plant und das Ambiente gestaltet, oft im neuen Trend: all inclusive. Die Ansprüche seien hoch, denn wer Geld fürs Feiern ausgibt, der will es „schön und exklusiv" haben. Das Konzept geht auf: Wer einen Termin buchen will, muss weit voraus planen. Ein Biergarten und ein Wintergarten ergänzen das Platzangebot. Dreh- und Angelpunkt ist und bleibt eine solide gute Küche. „Die Wirtschaft kann man nur übernehmen, wenn man Metzger und Koch ist" – das ist die Platzer'sche Maxime, nach der auch Martin, 51, das Haus übernommen hat. Und so wird es weitergehen. Zu schwäbischen Spezialitäten wie Kalbsvögerl gesellen sich internationale Gerichte wie Thai-Hähnchen-Curry, Gnocchi- Gemüse-Gratin, Meeresfisch und Jumbo-Steaks. Seniorchefin Gabriele Platzer findet die Speisekarte inzwischen etwas zu groß, „aber was soll man weglassen, wenn man viele Stammgäste hat?" Denn nicht zu vergessen sind die Wildspezialitäten aus den dunklen Wäldern, in denen sich einst der Husar Georg Platzer verirrte... *Markus Schwer*

BESONDERHEITEN

Saisonale Wochenkarte, Biergarten, Hochzeiten und Feiern: Flairbuffet ab 34,50 €. Tagungen und Wellness-Haus der Sinne mit Saunen und Massagen

ZUM SCHWARZEN REITER

- Bürgerlich-gehoben
- Modern ländlich
- € Schnitzel Wiener Art mit Pommes frites 12,90 €, Kalbsvögerl mit Spätzle und Wurzelgemüse 14,80 €, Entenbrust mit Rösti und Brokkoli 17,80 €

- Hauptstraße 1, 86497 Horgau
Tel. 08294/8608-0, www.flairhotel-platzer.de
- Täglich Frühstück ab 7 Uhr, warme Küche 11–14 und 17.30–21 Uhr, kein Ruhetag
- P Parkplätze vor der Tür

Nachteingang
Restaurant
Hofkapelle
Biergarten
Rezeption
Gartenhaus
G'wölb

MM

Wildschweinrücken rosé

mit Schupfnudeln

ZUTATEN FÜR 3 – 4 PERSONEN

WILDSCHWEINRÜCKEN 1 Wildschweinrücken (0,5 kg Knochen, falls am Stück gebraten wird), 1 Stange Lauch, 500 g Karotten, 1 Scheibe Sellerie, 500 g Rosenkohl, 4 – 5 kleine rote Zwiebeln, Salz, Pfeffer, Oregano, Majoran, Öl, 2 EL Tomatenmark, 2 EL Preiselbeeren, 3 Birnen, ½ l Rotwein, 4 EL Preiselbeeren
SCHUPFNUDELN 1 kg Kartoffeln (mehlig), 4 EL Mehl, 1 Ei, Salz, Muskatnuss, 2 EL Schmalz

ZUBEREITUNGSZEIT

ca. 1,5 – 2 Stunden

1 Die Birnen schälen, entsteinen, vierteln und in Rotwein kochen. Den Rotwein später für die Soße verwenden. Die Silberhaut des Wildschweinrückens entfernen (Rücken darf am Knochen bleiben), alternativ können auch nur die Rückenstränge verwendet werden. Gemüse putzen und schneiden – Abschnitte nicht wegschmeißen, werden noch benötigt. Karotten und Rosenkohl in Salzwasser, auf Biss vorkochen und abseihen. Gemüsefond kann für Soße weiterverwendet werden.

2 Wildschweinknochen mit den Rückenabschnitten und den Gemüseabschnitten im Bräter mit Öl, Salz, Pfeffer, Oregano und Majoran bei 200° C angehen lassen. 2 EL Tomatenmark dazugeben, gut durchmengen mit Rotwein ablöschen, einreduzieren und wieder ablöschen. Das Ganze 2- bis 3-mal wiederholen. Danach mit 2 EL Mehl bestäuben, mit Wild-, Gemüsefond oder Wasser auffüllen und einreduzieren lassen. Zum Schluss die Soße abpassieren, abschmecken und mit 2 EL Preiselbeeren verfeinern.

3 Die Kartoffeln mit Schale für Schupfnudeln im Salzwasser kochen, anschließend abpellen und auskühlen lassen. Nun die Kartoffeln pressen oder reiben, mit Salz und Muskat würzen und zusammen mit dem Ei und Mehl zu einem Teig kneten. Dieser ist fertig, wenn er nicht mehr an der Hand kleben bleibt. Mit den Fingern kleine Stücke vom Teig zupfen, durch beide Handflächen rollen, bis sie am Ende spitz zulaufen. Anschließend in siedendes Salzwasser legen und so lange gar ziehen lassen, bis diese an die Wasseroberfläche steigen, dann herausnehmen.

4 Den Wildschweinrücken mit Salz, Pfeffer und Wildkräutern würzen und in der Pfanne bei 200°C kurz anbraten. Anschließend in den Bräter auf das geschnittene Gemüse legen und bei 85°C ca. 40 – 50 Min. im Rohr auf eine Kerntemperatur von 64°C (entspricht rosé) braten. Die richtige Garstufe kann durch einen Kerntemperaturfühler oder durch drücken auf das Fleisch festgestellt werden. Eventuell entstandenen Bratensaft zur Soße geben.

5 Wildschweinrücken und Birne im Rohr bei 65°C warm stellen. Die Schupfnudeln in der Pfanne mit Schmalz oder Öl anbraten. Gemüse kurz mit Butter anschwenken und abwürzen. Die Rotweinbirnen dazugeben und mit Preiselbeeren füllen. Zum Schluss den Wildschweinrücken aufschneiden und auf einem vorgewärmten Teller anrichten.

Das versteckte Idyll

Die Traube in Anhausen hat eine über 300-jährige Tradition – und jede Menge Stammgäste.

Margit Aubele hat Selbstbewusstsein. Die Feststellung, dass ihr Gasthaus doch sehr versteckt sei und die Wegweiser im Ort von Bäumen umrankt, kontert sie mit einem Lächeln und einem einzigen Satz: „Die Leut' finden uns schon." Gut, man kann's verstehen, gründet dieses Selbstbewusstsein doch auf einer über 300-jährigen Tradition. So lange nämlich ist die „Traube" schon in Familienbesitz. Sein Alter sieht man dem Anwesen an – aber nur, wenn man hinter dem Haus im Biergarten unter riesigen Kastanien sitzt und sinniert, von welcher Wirtsgeneration die Bäume wohl gepflanzt wurden. Bis zum Beginn des 19. Jahrhunderts wurde unter diesem Blätterdach Bier aus der eigenen Brauerei kredenzt. „Dann hat man das aufgegeben, weil es sich nicht rentierte", sagt Aubele. Jetzt braut ein anderes Unternehmen das „Anhauser Dunkel". Margit Aubele führt die „Traube" seit 1987. Dass sie in den Betrieb der Eltern einsteigen würde, war früh klar: „Ich bin ja hier aufgewachsen. Entschieden werden musste eigentlich nur, wer von uns Kindern die Landwirtschaft und wer das Gasthaus übernimmt." Margit Aubele machte Kurse beim Gaststättenverband und den Bayerischen Wirtebrief. Das meiste aber, was man über das Führen eines Gasthauses wissen muss, lernte sie von Großeltern, Vater und Mutter.

Vom Betrieb des Bruders gleich nebenan stammt das Rind- und Kalbfleisch, das in der „Traube" auf die Teller kommt. Auch sonst achten Margit und Walter Aubele auf regionale Produkte – und darauf, dass alles, sogar die Kuchen und Torten, selbst gemacht ist. „Weil sie das wissen, kommen viele Gäste immer wieder zu uns", sagt Aubele. Es sind Gäste, die schon als Kinder da waren und jetzt ihre Enkel mitbringen. Die bayerisch-schwäbische Ausrichtung der Küche ist in der „Traube" seit Jahrhunderten gesetzt. Obwohl es immer mal wieder neue, saisonale Gerichte gibt, will Margit Aubele daran auch nichts ändern: „Es gibt doch ohnehin immer weniger Gasthäuser, die diese Küche anbieten", sagt sie.

An diesem Mittag ist im Biergarten Hochbetrieb. Ohnehin ist der große, gekieste und schattige Platz an heißen Biergarten-Tagen – rund 40 zählt Aubele pro Jahr – die Attraktion im Diedorfer Ortsteil Anhausen. Dann kommen Radfahrer aus Augsburg auf eine Brotzeit und die Leute aus dem Dorf zu Kaffee und Kuchen. Viele Gäste haben Aubeles im Lauf der Jahre gut kennengelernt: „Da kennt man die kulinarischen Vorlieben, die eine oder andere private Geschichte." Dass diese Verbindung zwischen Wirtsleuten und Gästen bestehen bleibt, dafür wird irgendwann die nächste Generation sorgen: Aubeles haben zwei Töchter – beide mit Hang zur Gastronomie.

Nicole Prestle

BESONDERHEITEN

Tagesgerichte, Tagesmenüs und saisonale Aktionen (derzeit Pfifferlinge), nachmittags hausgemachte Kuchen und Torten

GASTHAUS ZUR TRAUBE

- Bayerisch-schwäbisch
- Rustikal
- € Wiener Schnitzel mit Kartoffelsalat 9,80 €, Kässpatzen 7,90 €

- Molkereiweg 3, 86420 Anhausen
  Tel. 08238/2211, www.traube-anhausen.de
- Warme Küche von 11–14 und 17.30–21 Uhr. Brotzeit ab 21 Uhr, Reservierungen sonntags empfohlen, Mittwoch Ruhetag
- P Parken vor dem Haus

Gasthaus
·Traube·

WYS

Rindsrouladen

ZUTATEN FÜR 4 PERSONEN

4 Rindsrouladen von der Oberschale, 4 Scheiben geräucherten rohen Schweinebauch, mittelscharfer Senf, Salz, Pfeffer, 1 Gewürzgurke, ca. 400 g Zwiebeln, 1 Bd. Petersilie, 1 EL Tomatenmark, etwas Sahne, 1 l Grundsoße (Bratensoße), Öl

ZUBEREITUNGSZEIT

ca. 1,5 Stunden

1 Zunächst die Zwiebeln schälen und in feine Ringe schneiden. Die Zwiebelringe anschließend in einer Pfanne mit etwas Öl andünsten. Die Fleischscheiben salzen, pfeffern und die Innenseiten mit Senf bestreichen. Jeweils eine Speckscheibe, eine Essiggurkenscheibe, etwas gehackte Petersilie sowie die gedünsteten Zwiebeln auflegen. Jetzt die Seitenränder „einklappen" und das Fleisch vorsichtig zu einer Roulade rollen. Das Ganze mit Rouladennadeln befestigen oder mit Küchengarn umwickeln.

2 Die Rouladen in einem Topf mit etwas Öl von allen Seiten gut anbraten. Nach dem Anbraten die Rouladen aus dem Öl nehmen um das Tomatenmark in den heißen Topf geben.

3 Das Tomatenmark kurz anrösten. Nun mit Grundsoße aufgießen und die Rouladen wieder hinzugeben. Die Rouladen bei geschlossenem Deckel ca. 1 Std. schmoren lassen.

4 Zum Schluss die Soße leicht abbinden und mit einem Schuss Sahne verfeinern. Als Beilagen empfehlen wir hausgemachte Spätzle oder Kartoffelpüree und einen frischen Salat.

Das Essen, ein Traum

Martin Wastl bietet in seinem Restaurant „Zum Tavernwirt" gehobene Küche auf dem Land.

Als Bub hatte er einen Traum. „Eines Tages möchte ich der Tavernwirt sein", dachte sich Martin Wastl einst, als er in seinem Heimatort Sulzbach vor dem großen Haus nahe der Kirche stand. Er lächelt, während er die Geschichte erzählt, heute, da sich sein Traum längst erfüllt hat. Seit 1993 betreibt er das Gasthaus „Zum Tavernwirt" – das für sein ausgezeichnetes Essen bekannt ist. Viele Gäste kommen sogar von weither angefahren. Das Restaurant steht im Slow-Food-Führer und im Guide Michelin. Wastl sitzt in seinem gemütlichen Gastraum. Im Hintergrund tickt die alte Wanduhr, draußen sieht man die Felder. „Ich bin ein Landmensch", sagt er und schwärmt davon, seiner Kastanie und dem Lauf der Natur zuzusehen. Er wirkt zufrieden, angekommen. Bis zu seinem Traum war es ein langer Weg. Die Faszination fürs Kochen hatte er schon als Bub. Doch erst einmal trat Wastl in die Fußstapfen seines Vaters und machte eine Ausbildung zum Elektriker – das Wissen von damals hilft ihm noch heute, wenn er die Spülmaschine repariert oder Lampen anschließt. Strom und Kabel waren aber nicht seine Leidenschaft. Mit 24 holte er sein Abitur nach, führte die Augsburger Kult-Kneipe „Striese" und mit Ende 20 ging er bei Sternekoch Franz Fuchs in die Lehre. Mit Anfang 30 machte er sich in seinem Traumberuf selbstständig. Er übernahm das traditionsreiche Gasthaus „Zum Tavernwirt" und verwandelte die Dorfwirtschaft in ein gehobenes Restaurant.

„Koch ist ein wahnsinnig kreativer Beruf", sagt Wastl über seine Leidenschaft, die er auch schon in einem Kochbuch festgehalten hat. Mit seinem jungen Team entwirft er die Gerichte. Regionale Produkte seien da wichtig. Zum Beispiel hat der Vater von Küchenchef Hubert Pflugmacher extra seinen Kräutergarten erweitert, um den Tavernwirt beliefern zu können.

Zweimal im Jahr gibt es auch Aktionen: Im Herbst bei den Erotischen Wochen wird mit anregenden Gewürzen gekocht. Und im Winter gibt es Menüs mit europäischen Länderschwerpunkten. Bei den italienischen Wochen standen da zum Beispiel Erbsenrisotto mit Minze, Aalravioli mit Kapern-Tomaten-Salbeibutter und Basilikum-Pannacotta mit Mangosalat auf der Karte. Und zur Biergartensaison gibt es draußen neben bayerischen Spezialitäten auch ab und an Jazz. Wastl sieht sich heute nicht mehr nur als Koch, sondern als Gastronom. Er bewirtet die Gäste, empfiehlt Weine. Wastl könnte mit seinem Handwerk auch in München, Berlin oder Hamburg erfolgreich sein. Aber er will nicht weg aus Sulzbach. Er ist ja jetzt der Tavernwirt – mit Leib und Seele. *Lea Thies*

BESONDERHEITEN

Schöner Biergarten, große Weinkarte, Aktionswochen im Herbst und Winter, Taxi-Service Richtung Augsburg, eigenes Kochbuch, Catering-Service

ZUM TAVERNWIRT

- Regionale Küche mit internationalem Flair
- Rustikal, schlicht, gemütlich
- 3- bis 4-Gänge-Menü 35,– bis 42,– €, Flasche Wein ab 22,– €, Hauptgericht 17,– bis 32,– €

- Tränkstraße 6, 86551 Aichach-Sulzbach Tel. 08251/7154, www.tavernwirt.de
- Mittwoch bis Samstag 18–24 Uhr, Sonn- und Feiertag 11–14 Uhr und 18–24 Uhr, Montag und Dienstag Ruhetag
- Parken vor dem Lokal
- Ja, über den Garten

Enanzo
Enanzo
Enanzo
Enanzo

WYS

Aalravioli

mit Kapernbutter

ZUTATEN FÜR 4 PERSONEN

NUDELTEIG 175 g Mehl, 60 g Hartweizengries, 2 Eier, 1 Msp. Salz, 2 EL Olivenöl, Mehl zum Ausrollen, Eiweiß zum Bepinseln
FÜLLUNG 200 g geräuchertes Aalfilet, 1 Schalotte, 1 Thymianzweig, Pfeffer schwarz (aus der Mühle)
SOSSE 200 g Butter, 50 g Kapern, 50 g getrocknete Tomaten, 1 Frühlingszwiebel, Parmesan und Chilifäden (nach Geschmack)

ZUBEREITUNGSZEIT
ca. 40 Minuten

1 Für den Nudelteig Mehl, Hartweizengries, Eier, Salz und Olivenöl vermischen und glatt verkneten. Den Teig 15 Min. abgedeckt ruhen lassen. Für die Aalfüllung das Aalfilet zerkleinern, die Schalotte in feine Würfel schneiden und untermischen. Die Thymianblätter fein hacken. Die Aalfüllung nun mit Thymian und Pfeffer abschmecken.
2 Die Arbeitsfläche mit wenig Mehl bestäuben. Den Teig in zwei gleich große Teilen teilen und mit Hilfe eines Nudelholzes oder einer Nudelmaschine zu je 1 mm dünnen Bahnen verarbeiten. Die Aalfüllung auf die Nudelbahn geben und am Rand mit Eiweiß bepinseln. Nun eine zweite Nudelbahn darauf legen und vorsichtig andrücken.
3 Die Ravioli mit einem Ravioliausstecher oder einem Messer in der gewünschten Größe ausstechen bzw. ausschneiden. Die Ravioli anschließend in sprudelndem Salzwasser ca. 3 Min. garkochen.
4 Die Frühlingszwiebel waschen, abtupfen und in Ringe schneiden. Die Butter in einer Pfanne schmelzen. Die getrockneten Tomaten samt den Kapern und den Frühlingszwiebelringen dazugeben. Die gekochten Ravioli beifügen und alles kurz durchschwenken.
5 Die Ravioli auf vorgewärmte Pastatellern verteilen, die Kapernbutter darüber geben und je nach Geschmack mit Parmesan und Chilifäden bestreuen.

KLEINER TIPP

Die Ravioli können prima eingefroren werden. Die Kochzeit beträgt dann ca. 10 Minuten.

Rezepte